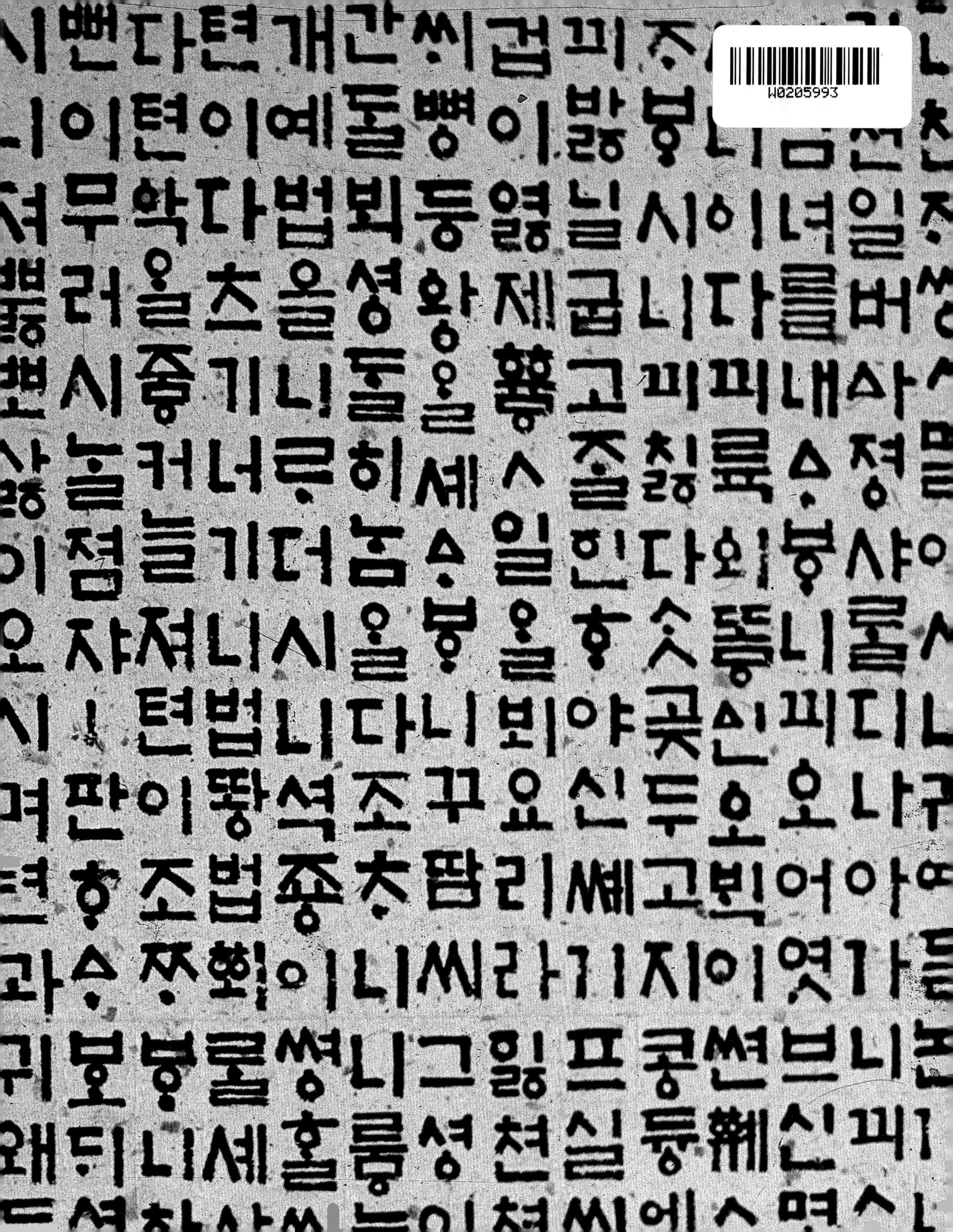

W0205993

KOREA

Reich der Morgenstille

KOREA

Reich der Morgenstille

Marc Vérin
Juliette Morillot

Aus dem Französischen von Eva Plorin

KNESEBECK

Für
André Fabre

J. M.

Für
Raymond und Abeodji,
die Gefährten der Morgenröte,

Min Yeosa und Malou,

Indiana Faye

M. V.

Inhalt

»Ich lade Sie ein, mich in ein Land zu begleiten, das über Jahrhunderte ein Geheimnis geblieben ist, ein Land, das seit grauer Vorzeit still und abgeschieden existierte, ja dessen Abgeschiedenheit selbst zum Mysterium wurde, ein Land, das gestern erst seine Tore geöffnet hat. Es besteht bereits seit langer Zeit auf der Welt, doch ohne wahrhaft teil an ihr zu haben. Seine Bewohner wurden geboren, haben gelebt und sind gestorben, ohne zu wissen, was um sie herum vorging. Sie hätten ebenso gut Bewohner eines anderen Planeten sein können, so fremd blieben sie der Weltgeschichte gegenüber. Und aus Jahren wurden Jahrhunderte, auf Jahrhunderte folgten wieder Jahrhunderte, und der Schleier ist heute noch so dicht wie gestern …«

Percival Lowell (1855–1916)

FOLGENDE DOPPELSEITE
An den Berghängen von Boseong in der Provinz Jeollanam-do, einer einst abgeschotteten Gegend, wohin man in Ungnade gefallene Beamte schickte, liegen die schönsten Teeplantagen des Landes. Nicht weit von dem Tempel Daewon-sa erstreckt sich über 600 Hektar die Plantage Boseong Tawon in Bongsan-ri. Hier werden pro Jahr siebzig Tonnen grünen Tees geerntet – das entspricht neunzig Prozent der Gesamtproduktion des Landes.

Der Tee hat eine lange Tradition, die auf das Goryeo-Reich (918–1392) zurückgeht, in dem die Teezeremonie zu einem beachtlichen Aufschwung der Seladonherstellung führte. Während der Yi-Dynastie, unter dem Einfluss des Zen-Meisters Cho-Ui (1786–1866), entwickelte sich die Teekultur fort und erreichte eine außerordentliche Raffinesse. Zur Zeit der japanischen Besatzung geriet dieses kulturelle Erbe in Vergessenheit, doch inzwischen hat man es im heutigen Korea wieder neu entdeckt.

Einführung

Was fällt uns eigentlich zuerst ein, wenn wir an Korea denken? Zunächst doch sicher die oftmals negativen Bilder aus den Medien – die Teilung des Landes und die nukleare Bedrohung, die Mun-Sekte mit ihren Tausenden von Anhängern oder die Vorliebe der Koreaner für Hundefleisch. Gewiss, man verbindet mit Korea auch die Olympischen Spiele, die Fußballweltmeisterschaft und erstklassige Filmproduktionen. Aber was wissen wir eigentlich tatsächlich über dieses kleine Land, das von China und Japan geografisch in die Zange genommen wird?

Zum wahren Gesicht Koreas gehören weder die dunklen, stillen Holztempel wie in Japan noch die geheimnisvollen, mit den nebligen Schwaden der Räucherstäbchen angefüllten Pavillons wie in Peking oder Shanghai. Um Korea kennen zu lernen, muss man sich von Klischees befreien und bereit sein, sich von einem unbekannten Land, das vor Leben und Gesundheit strotzt, von dem Temperament und der Spontaneität seiner Menschen überraschen zu lassen. Mit Geduld, Neugier und viel Nachsicht sollte der Besucher sich wappnen und bereit sein, Türen zu öffnen und jenseits ausgetretener Pfade auf Entdeckungsreise zu gehen.

Denn dann wird sich dem Reisenden der Zauber Koreas offenbaren: der kosmopolitische Charme von Seoul und seinen *pojang-macha*, kleinen Zeltwagen, wo man bis zum Morgengrauen Muscheln und karamelisierte Schweinefüße serviert bekommt; der ländliche Charme der Reisfelder mit ihren je nach Tageszeit wechselnden Farben; der wilde Charme der Täler, in denen einst Tiger umherstreiften; der heitere Charme der Tempelanlagen mit ihrem lebhaften Treiben. Es ist der einzigartige Zauber einer Halbinsel, die die Mongolen *Solongo* nannten, »das Land des Regenbogens«. Ein Land der Kontraste, in dem sich alte schamanische Traditionen mit der atemberaubenden Dynamik einer jungen, zukunftsorientierten Nation vereinen.

Hätten Sie gedacht, dass hinter den Großstadtfassaden aus Glas und Marmor die Gongs der

Schamanen erklingen? Oder dass der Bauer, den man am Rande seines Reisfeldes sitzen sieht, mehrere Stunden am Tag vor dem Computer verbringt, um im Internet zu surfen?

Korea ist anders, es entspricht nicht unseren Vorstellungen des Fernen Ostens. Es ist eine befremdliche Gegend, die dem Reisenden vom ersten Tag an das Gefühl gibt, nicht zu existieren, unbedeutend zu sein. Nach den langen Flugstunden, während derer man verheißungsvolle Magazine durchgeblättert hat, ist der erste Kontakt mit dem Land nicht selten von Unverständnis geprägt. Der unerträgliche Verkehr, die fremde Sprache, die höllisch scharf gewürzten Gerichte, die Luftverschmutzung – all das in Verbindung mit der Zeitverschiebung zermürbt selbst den wohlwollendsten Gast. Was soll man davon halten, dass sich dieser Teil Asiens nicht glatt und kultiviert wie in unseren Träumen präsentiert – mit einem kleinen, wohldosierten Schuss Exotik –, sondern eine unerwartet lärmende, hektische und fordernde Welt ist? Die Suche nach einer einfachen Version des Orients führt nicht nach Korea. Sicher, die modernen, luxuriösen Städte des Landes stehen der puristischen Perfektion etwa Singapurs in nichts nach, seine Tempel, Paläste und Museen, angefüllt mit Kunstschätzen, müssen sich vor der Pracht von Orten wie der Verbotenen Stadt oder Kioto nicht verstecken;

VORHERGEHENDE DOPPELSEITE
Selbst wenn der Verbrauch an Reis stetig abnimmt, so ist er doch weiterhin so bedeutsam für die tägliche Ernährung der Koreaner, dass eine gängige Begrüßungsfloskel lautet: »Hast du deinen Reis gegessen?« Der Reis, ein Synonym für das Leben, ist in Korea allgegenwärtig, und die koreanische Sprache kennt mehr Worte für Reis, als man ins Deutsche übersetzen könnte: *mo, byeo, ssal, bap* – von den jungen Reisschösslingen auf den Feldern bis zum weißen dampfenden Reis in den Schälchen. Nach dem Krieg war das oberste Ziel der im Wiederaufbau begriffenen koreanischen Wirtschaft, den Reisverbrauch des Landes ohne Importe gewährleisten zu können.

흥국생명

RECHTE SEITE

Die riesige, ausufernde Hauptstadt Seoul ist schon vor langem über ihren ursprünglichen Sitz in den Bergen hinausgewachsen. Heute breiten sich Seoul und seine Vororte – bevölkert von fast 21 Millionen Menschen – stetig weiter auf die umliegenden Hügel und Berge aus, die dafür von heute auf morgen eingeebnet werden. Doch das allein genügt noch nicht: Seoul erobert den Himmel. Ganze Stadtviertel mit immer höher aufragenden Wolkenkratzern werden gebaut – *danji*, wahrhafte Betonwälder, rosa- und malvenfarben schimmernd, die in nur wenigen Jahren die wogenden Reisfelder von einst verdrängt haben …

위대한 령도자 김정일동지

닭갈비
막국수
만화
테마
fruit
헤어
4F
PC
디지털
게임장
아이스체리
부동산
부동
2F
다소미
인디안
여권·증명
인체의 신비展

1972

OBEN

Abgesehen von ihrem künstlerischen Wert hatten die Maskentänze, *talchum*, lange Zeit eine politische Bedeutung: Einst boten sie den kleinen Leuten die Möglichkeit, ungestraft die Regierung zu kritisieren und sich über den Adel lustig zu machen. Von den Militärdiktaturen wurden sie dann als subversive Gefahr verboten, denn die Studenten knüpften an die ursprüngliche Bedeutung der Tänze an, hatten sie doch in dieser traditionellen Ausdrucksform ein hervorragendes Mittel gefunden, ihrem Unmut Luft zu machen.

RECHTE SEITE

Die alte Zeremonie des *yeongsanjae* geht auf die Gesänge und Tänze am Ende des 4. Jahrhunderts zurück, als der Buddhismus auf der koreanischen Halbinsel eingeführt wurde. Das Ritual, welches die Barmherzigkeit Buddhas verherrlicht, erinnert an das Lotus-Sutra, das Shakyamuni, der historische Buddha, in Indien auf dem Berg Gridhrakuta verkündet haben soll. Früher dauerten diese Zeremonien zur Reinigung der Seele drei ganze Tage. Inzwischen beschränken sie sich auf einen Tag, der mit einer gemeinsamen Mahlzeit aller Teilnehmer ausklingt, die von den Nonnen zubereitet wird.

한국

die Auslagen auf den Märkten und in den Dörfern bieten ein Feuerwerk an Farben und Gerüchen, während sich die Touristen auf der Suche nach dem Pittoresken auf Bali oder in Thailand durch die Gassen drängen. Doch eine geheimnisvolle Alchimie, die wohl auch auf der langen Tradition der Zurückgezogenheit dieses ›Einsiedlerreiches‹ beruht, scheint der Grund zu sein, warum der Funke beim Reisenden nicht immer überspringt. Lieber wäre es uns, wenn uns all die verschiedenen Aspekte des Landes zugänglicher, fein säuberlich getrennt voneinander präsentiert würden – doch in Korea mischt sich alles in einem gewaltigen Strudel des Lebens, in dem Modernität und Technologie nicht von der außerordentlichen Energie der Menschen zu trennen sind. Während Touristen in Neapel oder Barcelona sich von Temperament und Leidenschaft bezaubern lassen, bringt sie dies im Herzen Asiens aus dem Takt, lässt sie an der Wahl ihres Reiseziels zweifeln. Was soll man davon halten, dass einem hier statt des typisch asiatischen Geistes, geprägt von Sanftmut und tiefen Verbeugungen, ein stolzer und heißblütiger Wesenszug begegnet, Menschen, die aus ihren Emotionen keinen Hehl machen? Und was soll man davon halten, dass einem die Einwohner dieses Landes, das einst das »Reich der erlesenen Höflichkeit« genannt wurde, ohne Skrupel und ohne sich dafür zu entschuldigen auf die Füße treten, dass sie rülpsen und im Bus so rüde drängeln, wie man es noch nirgendwo sonst erlebt hat?

Der Schlüssel zu diesem befremdenden Verhalten heißt zweifelsohne *nunchi*, ein wahres ›Sesam öffne dich‹ zu einer Kultur, deren Gesetze unsere kartesianische Logik herausfordern. *Nunchi* könnte mit »Austausch von Blicken« übersetzt werden – ein Blickwechsel, der nicht nur im Herzen der anonymen Großstadt notwendig ist, sondern ebenso in den entlegensten kleinen Dörfern. Ein Blickwechsel, ohne den der ›Andere‹ – ob Fremder oder Koreaner – schlichtweg nicht existiert, in der Gesellschaft untergeht. Das *nunchi* hat seine Wurzeln gleichermaßen in der Enge der Halbinsel, die die Menschen

dazu zwingt, so dicht beieinander zu leben »wie die Sojakeime« – *kongnamul siru kati* –, wie auch in dem komplexen konfuzianischen Verhaltenskodex, nach dem das Individuum keinen Platz außerhalb der Gruppe hat.

Um Korea schätzen zu lernen, sollte man sich in der Magie des *nunchi* versuchen, durch das blitzartig das abweisendste Verhalten in außergewöhnliche Gastfreundschaft und Wohlwollen umschlägt. Wurde man erst einmal in einer Gruppe, einer Familie aufgenommen, so übersteigen die Freundlichkeit und Großzügigkeit nicht selten sämtliche Erwartungen, was paradoxerweise für unser eher unabhängiges europäisches Wesen fast schon wieder zu vereinnahmend ist.

Die folgenden Seiten und Fotografien zeigen das Korea des *nunchi* in all seinen Facetten – das Korea der Städte und Dörfer, der Tempel und Märkte, das Land und seine Leute. Ein Korea der Gerüche und Farben, das der Fotograf und die Autorin nach langen dort verbrachten Jahren gut kennen. Ein Korea, Nord oder Süd, das wir Ihnen bewusst mit all seinen Widersprüchen und Reizen vorstellen möchten und das, auf Hochglanzpapier geeint, jenseits aller politischen Trennung, wohl den geheimen Traum eines ganzen Volkes verkörpert.

»Jenseits des Japanischen Meeres,
Heimstätte der Unsterblichen,
Im Tal der Pfirsiche liegt ein Land,
Dessen Grenze ist der Sonnenaufgang.
Hier ist unser Land,
Versammelt, um eins zu werden.«

Inschrift aus dem Jahr 771 auf der großen Bronzeglocke von Gyeongju, der Emille-Glocke

RECHTE SEITE
17 300 Kilometer Küste und rund 3000 Inseln machen Korea zu einem maritimen Land. Muscheln, Seetang, Fisch in all ihren Formen – frisch, roh, mariniert oder getrocknet – sind fester Bestandteil des täglichen Speiseplans.

Für die *haenyeo*, die »Mädchen des Meeres«, ist das Leben hart. In schwarzen Gummianzügen, mit der Harpune am Gürtel und einem Netz auf dem Rücken kommen sie bei Tagesanbruch an die Strände der Insel Jeju, um im eiskalten Wasser des Ostchinesischen Meeres zu tauchen. Sie verbringen lange Minuten mit angehaltenem Atem in den grünen Gewässern, um dann schließlich neben den weißen Bojen mit ihrer mageren Beute wieder aufzutauchen: Seetang, Seeohren und Muscheln, die anschließend noch auf dem Markt verkauft werden müssen. Jenseits der Dörfer mit ihren Lavahäusern, eingefriedet von Steinmäuerchen, sieht man die *bulteok*, kleine, windgeschützte Gräben, in denen die *haenyeo* ihre Bojen verstauen und sich zwischen zwei Tauchgängen vor der Kälte schützen und ausruhen. Die Insel Jeju bildet in der koreanischen Gesellschaft eine Welt für sich. Einst waren es hier die Frauen, die arbeiten gingen, während die Männer zu Hause blieben, um sich um den Haushalt zu kümmern. Im Gegensatz zum übrigen Korea beschränkte sich hier die Familie auf das Ehepaar mit seinen Kindern, und die alt gewordenen Eltern zogen ›über den Hof‹ in ein kleineres Haus, um der nächsten Generation den Hauptwohnsitz zu überlassen.

萬瀑洞

Im Herzen des Einsiedlerreiches

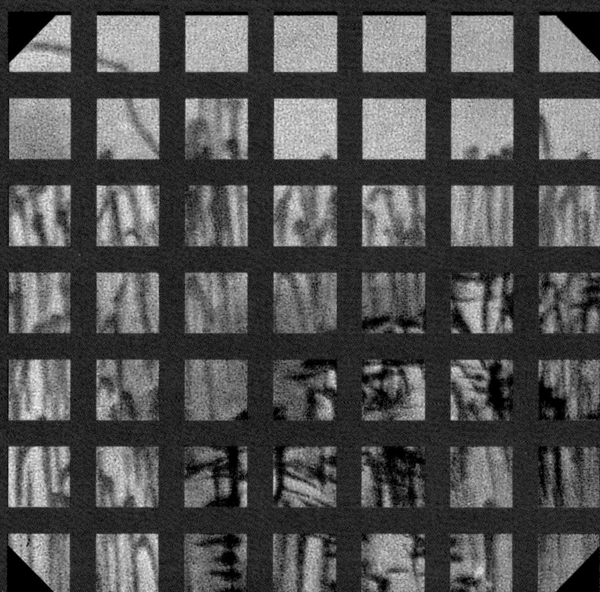

한국

»Aus einer Mulde des Tales schießt
der Ursprung eines langen Flusses.
Hundert Faden tief, die Wassermassen des Drachensees.
Wie ein Band glitzernder Sterne stürzt das quellende Nass
und formt im Fall vollkommen
einen weißschäumenden Regenbogen.
Und es prasseln die heftigen Schauer des Sturms,
ein Blitz zuckt nieder, greift nach der Einsiedelei.
Zermahlener Perlstaub, zersplitterte Jade
erfüllen die Weite, Himmel und Luft.
Behaupte nicht, Reisender, der Yeo-Berg sei unübertroffen,
wisse, der Cheonma ist Gipfel der Schönheit
an den Gestaden des Ostens.«

Hwang Jini (16. Jahrhundert)

Schroffe Felsen, Granitzacken, die wie Dolche in den Himmel ragen, vom Nebel verschleierte Gipfel und Schluchten, eingezwängt zwischen Schwindel erregenden Steilwänden, wo seltsam geformte Bäume mit ihren langen, gespenstischen Ästen an den Wolken kratzen – verloren in diesem riesenhaften Universum erblickt man plötzlich ein niedriges, sanft geschwungenes Dach und eine winzige Silhouette auf einem Felsvorsprung: vielleicht ein Mönch bei der Meditation oder ein früher Wanderer. Durch das Auftauchen eines menschlichen Wesens gewinnt die Natur, die zunächst so gewaltig und feindselig wirkt, etwas Vertrautes und Intimes.

Ob nun als Vision des Malers oder als Momentaufnahme des Fotografen – das Gebirge des Reichs der Morgenstille ist und bleibt eine wunderbare Parabel der koreanischen Welt, die auf den ersten Blick aggressiv und abweisend wirkt und sich dem öffnet, der sie mit Demut betritt. Es ist eine auf Schutz ausgerichtete Welt, umgeben von sprachlichen und geografischen Barrieren, aber vor allem von kulturellen: denn dass Korea noch heute verkannt wird, beruht auch auf der jahrhundertelangen Zurückgezogenheit eines Volkes, das verhindern möchte, sich wieder dem Zorn des Schicksals auszusetzen. Diese Politik der Abschottung, die von jeher verfolgt wurde, um den immer wiederkehrenden Invasionen und Zerstörungen zu trotzen, erreichte ihren Höhepunkt gegen Ende des 19. Jahrhunderts mit einer der blutigsten Epochen der koreanischen Xenophobie. Als Amerikaner, Franzosen und Preußen in die territorialen Gewässer eindrangen, herrschte Angst in Korea. Auf Stelen an Wegkreuzungen war die Devise von Daewongung, dem Regenten des Königreiches und Vater des Königs Gojong (reg. 1864–1907), zu lesen: »Nein zur Invasion der Barbaren des Westens. Mit ihnen Frieden zu schließen, heißt das Land zu verkaufen.«

Ein Blick in den Atlas hilft, die bewegte Geschichte zu verstehen. Die kleine bergige Halbinsel Korea am Rande der Mandschurei wird von den Giganten China, Japan und Russland umlagert.

한국

»Winterstürme rütteln die toten Zweige,
Kalt scheint der Mond im Wolkenschnee.
Mitten in der Nacht ergriff ich das Schwert,
Drang ein in die feindliche Festung.
Nichts setzte mir Widerstand entgegen,
Und drohend schallte mein Ruf durch die Lande.«

Kim Jong-Seo (1390–1453)

Koreas Lage als Galionsfigur des eurasischen Blocks macht das Land unbestreitbar zu einem geostrategischen Objekt der Begierde: als Sprungbrett für die tausendjährigen kolonialen Ambitionen Japans auf dem Festland, als Vorposten des chinesischen Kaiserreiches, aber auch als eisfreie Meeresanbindung für Russland, als Seehafen der Mandschurei. Und wie die starke militärische Präsenz der Vereinigten Staaten südlich des 38. Breitengrades zeigt, hat diese Lage bis heute nichts von ihrem strategischen Reiz eingebüßt. Man darf nicht vergessen, dass im heutigen Korea die letzte Narbe des kalten Krieges noch nicht verheilt ist – die Demarkationslinie entlang der entmilitarisierten Zone (DMZ), die das Land in die Demokratische Volksrepublik im Norden und die Republik Korea im Süden unterteilt.

Ein zerklüftetes Relief prägt die Halbinsel – die Gebirge, die sich über mehr als siebzig Prozent seiner Gesamtfläche von 220 739 Quadratkilometern erstrecken, machen Korea zu einem der bergigsten Länder der Erde. Auf Koreanisch heißt Landschaft *gansan*, »Flüsse und Berge« – die beiden charakteristischen Merkmale des Landschaftsbildes. Für weite Ebenen bleibt, abgesehen von den durch das Meer gebildeten Sedimentationsbecken an der Westküste, kaum Platz. Hier, an den Unterläufen der großen Ströme, entstanden die Städte: Pyongyang am Ufer des Daedong, Seoul am Ufer des Han und im Südosten die Hafenstadt Busan im Delta des Nakdong gegenüber von Japan. Der Rest des Territoriums ist Gebirgsland.

Zwei große Gebirgsketten durchziehen die Halbinsel von Nord nach Süd, weshalb sich der Verkehr zwischen dem Ost- und Westteil schwierig gestaltet. Im Norden und Osten stürzen die schroffen, zerklüfteten Bergmassive des Nangnim-Gebirges steil ins Japanische Meer ab, während sie auf der Höhe der Westkoreanischen Bucht in die Taebaek-Kette übergehen, deren spitze Bergkämme sich bis in die Region von Gyeongju entlang der Ostküste erstrecken und ein atemberaubendes Litorale aus

Felsküsten, Schwindel erregenden Steilwänden und unerreichbaren kleinen Buchten bilden. Von diesem Rückgrat lösen sich in der Verlängerung des Bergmassivs von Liaodong weitere Nebengebirgszüge, die, der Form der Halbinsel folgend, nach Westen auslaufen, wo sie allmählich flacher werden und in eine Hügellandschaft übergehen, die sich auf die weiten Flussebenen in Richtung Dadohae (»See der zahllosen Inseln«) öffnet.

Die Natur wird von den Koreanern hoch geschätzt, und für ihre Berge empfinden sie unendlichen Stolz. Die Diamantberge (Geumgang), die seit der politischen Spaltung des Landes 1953 im Norden der DMZ isoliert liegen, sind ein gutes Beispiel dafür. Die bizarren Formen der wolkenverhangenen, spitzen Granitgipfel waren eine Quelle der Inspiration für Maler, Könige und Dichter. Erst seit kurzem werden die Berge wieder durch eine Fahrspur mit dem Süden der Halbinsel verbunden. Doch nur wenige privilegierte Besucher haben unter strengster Überwachung Zutritt. Die Mehrzahl der Südkoreaner muss sich mit den direkt südlich der DMZ gelegenen Seorak- und Odae-Bergen begnügen, die man die »Kleinen Diamantberge« nennt.

Die Werke der Maler-Gelehrten der Yi-Dynastie, Gang Se-Hwan (1713–1791) und Jeongseon (1676–1759), zeigen eine intime Vision dieser unwirtlichen Landschaft: Der Pinsel wird tief in die Tinte getaucht, der Pinselstrich ist hart, und die Formen sind bis zum Äußersten vereinfacht, um die atemberaubende Schönheit der sagenumwobenen Berge mit ihren 12 000 Gipfeln wiederzugeben. Es ist ein

Diese »Schlucht der tausend Wasserfälle« ist ein *jingyeong-sansu*, ein »wahrhaftiges Landschaftsbild«: Der Maler Jeongseon (1676–1759) schuf diese Darstellung der Diamantberge nach Skizzen, die er vor Ort angefertigt hatte. Diese neue Vorgehensweise brachte dem renommierten Maler viel Kritik von Künstlern seiner Zeit ein, die unter dem Einfluss der chinesischen Maltradition standen, in welcher der Geist die Landschaft gestaltet – bis hin zur Preisgabe der Realität.

萬瀑洞

zutiefst koreanischer Zug, dass der Mensch – als Reisender, etwa in Gestalt einer kleinen Silhouette mit einem Esel – in den Landschaften stets präsent ist, als Gefährte und Verbündeter der Natur. Und wenn ein Tourist, nachdem er unzählige Kilometer durch enge Schluchten und über Hängebrücken zurückgelegt hat, glücklich in einem entlegenen Winkel der Berge eine Einsiedelei erreicht, wird er jedes Mal aufs Neue erstaunt sein, dort Leben, ein Fleckchen Zivilisation, vorzufinden, das vertraute Geräusch eines dudelnden Radios, Gelächter... Und hinter einer Wegbiegung erblickt man plötzlich die versammelten drei Generationen einer Familie mit vom Reisschnaps geröteten Wangen und bis über die Knie hochgekrempelten Hosen und Röcken beim Picknick auf einem Felsen inmitten eines Wildbaches. Tausend Kilometer von der nächsten Stadt entfernt offenbart sich hier spontan das Herz Koreas. Die moderne Welt konnte der alten Tradition der Gastfreundschaft und der ländlichen Unkompliziertheit nichts anhaben, und so wird der Reisende eingeladen, mitzuessen und mitzutrinken, an Gesang, Tanz und Scherzen teilzuhaben. Denn schon eine Volksweisheit besagt: *»Geumgangsando, sikhugyeong«* – »Sogar bevor man die Diamantberge bewundert, muss man essen«.

Für die Koreaner sind die Berge Mittler zwischen Himmel und Erde, der Ort, an dem sich Leben und Tod begegnen, Beginn und Vollendung: Hier liegt das Reich der Toten; die Berge sind der bevorzugte Ort für Grabstätten, die man als kleine, sattgrüne Hügel an den Hängen sieht, aber auch die symbolische Geburtsstätte des Landes, das aus der kosmischen Vereinigung von Himmel und Erde hervorging.

OBEN
Der Park Moranbong ist eines der beliebtesten Ausflugsziele der Menschen aus Pyongyang. Im Norden wie im Süden des Landes kommt das überraschend südländische Temperament der Koreaner in ihrer Begeisterung für Feste und ihrer spontanen, überschäumenden Lebensfreude zum Ausdruck.

Die Legende aus dem *Samguk-yusa* (der Überlieferung der Drei Königreiche), das unter der Goryeo-Dynastie geschaffen wurde, hat ihren Ursprung im Norden der Insel. Als Hwanin, der König des Himmels, seinen Sohn Hwanung auf die Erde schickt, um den Menschen zu helfen, ein Königreich zu gründen, landet der Himmelsprinz mit seinem Gefolge von 3000 Dienern auf dem höchsten Punkt des Landes, einem Gipfel der Taebaek-Berge, wo er eine vollkommene Stadt gründet, Sinsi, die »Stadt der Götter«. Eines Tages bitten ein Tiger und ein Bär Hwanung darum, ihnen menschliche Gestalt zu verleihen. Er gibt ihnen einen Strauß Beifuß und zwanzig Knoblauchzehen zu essen und befiehlt ihnen, sich hundert Tage und Nächte in einer Höhle vor dem Tageslicht zu verbergen. Der ungeduldige Tiger hält sich bald nicht mehr an den Rat, aber der Bär harrt aus und wird zu einer Frau mit Namen Ungnyeo. Sie fleht Hwanung an, ihr einen Sohn zu schenken. Aus ihrer Vereinigung wird der Legende nach 2333 v. Chr. Dangun, der Vater Koreas und aller Koreaner, geboren, der bis zum heutigen Tag in der ältesten Religion des Landes, dem Daejeonggyo, verehrt wird.

Dangun macht Pyongyang zur Hauptstadt seines Königreiches Joseon, wörtlich übersetzt »das Land der klaren und frischen Morgen«, über das er nach dem Prinzip des *hongik ingan* herrscht – eines archaischen Demokratiesystems, das auf den Werten Freiheit, Gleichheit und Frieden beruht. Gegen Ende seines Lebens dankt er ab, um sich auf den Berg Asadal im heutigen China zurückzuziehen,

FOLGENDE DOPPELSEITE, RECHTS
Diese Grimassen schneidenden Holzpfähle *(jangseung)* sind immer paarweise angeordnet und wachten früher über die Dörfer: Sie schützten Häuser und Menschen vor bösen Geistern und waren Garanten für Frieden und Wohlstand. Manchmal sieht man Leute, die einem der Wächter einen Kieselstein auf das Haupt oder zu Füßen legen. Wenn das Steinchen nicht ins Rutschen gerät, wird der *sansin*, der Berggott, den Wunsch des Bittstellers erfüllen.

소
소
소

Zwanzig Minuten von Gyeongju entfernt liegt am Westhang des Toham-Berges die Seokkuram-Grotte aus dem 8. Jahrhundert, die 1995 von der UNESCO zum Weltkulturerbe erklärt wurde. Hier befindet sich eine der schönsten Hochrelief-Buddhadarstellungen des gesamten Fernen Ostens. Die verschüttete Grotte wurde im Jahr 1909 zufällig von einem Postboten wiederentdeckt, der vor einem Sturm Zuflucht suchte. Daraufhin wurde die Grotte von den japanischen Besatzern restauriert und später etwas verändert, um die Besucherströme aufnehmen zu können – durch die verschiedenen Restaurierungsarbeiten wurde leider das ausgeklügelte Belüftungssystem zerstört, das von den Künstlern des Königreichs Silla entwickelt worden war. Mehr als jedes andere Kunstwerk bringen Harmonie und Schönheit der klaren Reliefformen einen den Koreanern eigenen Begriff zum Ausdruck, der in der Übersetzung nur schwer fassbar ist: *meot*, eine erlesene, abstrakte, von Leben und Bewegung erfüllte Schönheit – charakteristisch für die koreanische Empfindsamkeit.

dessen erster *sansin* (Berggott) er wird. Der weißhaarige, wohlwollende Greis in Begleitung des Tigers, seines treuen und ungeduldigen Gefährten, ist allgegenwärtig in Korea: nicht nur in den Tempeln, wo ihm ein Schrein geweiht ist *(sansindang)*, sondern auch in der volkstümlichen christlichen Bilderwelt, wo er – etwas deplatziert – Jesus oder den Aposteln zur Seite gestellt wird. Dangun steht den Menschen nahe, und im Traum teilt er ihnen seine guten Ratschläge mit; er wendet sich gerne an schwangere Frauen, Reisende, aber auch an *simmani* – Menschen, die wilden Ginseng suchen und die er zu den kostbaren Wurzeln führt. Selbst inmitten der »Berge der fernen Wohlgerüche«, der Myohyang-Berge, entdeckt man im Gestrüpp entlang der Wegränder winzige, wackelige Türmchen aus Steinen: Diese *doltap* sind improvisierte Altäre für den Berggott und ein Zeichen dafür, dass das Herz Koreas noch immer schlägt – ob in fernen Gegenden Nordkoreas oder am Rande der Großstädte.

Die Koreaner feiern den Geburtstag ihres Landes am 3. Oktober, dem »Tag der Öffnung des Himmels«. Dieses Fest wurde erst 1948 ins Leben gerufen. Gerade zum richtigen Zeitpunkt, im Jahr 1930, war der alte Mythos von koreanischen Historikern wiederentdeckt worden, die darum bemüht waren, dem Schintoismus der japanischen Besatzer eine eigene nationalistische Schöpfungsgeschichte entgegenzusetzen. Und die Verwertung des Entstehungsmythos dauert an: Erst vor kurzem soll bei Ausgrabungen in der Nähe von Pyongyang eine Grabstätte gefunden worden sein, die man dem sagenumwobenen Halbgott zuordnet. Die Figur Danguns, die sich Nationalisten aller Lager dienstbar gemacht haben, ist eng mit der erhabenen Vorstellung der Koreaner von ihrer Identität verknüpft, mit dem übermächtigen Stolz, von einem einzigen Urvater abzustammen und einer ›reinen‹ Rasse anzugehören. Daran können auch die Besiedelungsschübe auf der Halbinsel, die unzähligen Invasionen der Vergangenheit nichts ändern – die Koreaner sind von Kindesbeinen

an davon überzeugt, Teil einer einzigen Familie, eines einzigen ›unverfälschten‹ Volkes *(minjok)* zu sein.

Dieses übersteigerte Identitätsgefühl, das sich in bedenklicher Nähe zur Ausgrenzung bewegt, ist einer der Pfeiler der koreanischen Nation. Man kann seine Bedeutung ermessen, wenn man sich in der Geschichte der Halbinsel auskennt, deren Schicksal immer wieder von fremden Mächten bestimmt wurde. Der unbeirrbare Glaube an die koreanische Identität ist der Kern des koreanischen Empfindens und war der entscheidende Motor für den Wiederaufbau Koreas nach dem Krieg, für das Wirtschaftswunder der 1980er Jahre und für die beispielhafte Lösung der Finanzkrise von 1997.

In keinem Jahrhundert der koreanischen Geschichte blieb das Land vor Einfällen feindlicher Truppen verschont, die Verkehrswege, Infrastruktur und Städte in Schutt und Asche legten. Es gibt keinen Tempel, keinen Palast in Korea, der, bis hin zu den letzten Verwüstungen im Koreakrieg (1950–1953), nicht schon mindestens einmal niedergebrannt oder zerstört und dann wieder aufgebaut wurde. »Wenn die Wale kämpfen, wird den Krabben der Rücken gebrochen«, besagt eine Volksweisheit.

In der Frühzeit teilten sich drei Königreiche die Halbinsel: Goguryeo im Norden und in der Mandschurei, Baekje im Südwesten und Silla im Südosten. In unaufhörlichen Kriegen versuchten sie die Vorherrschaft über die jeweils anderen zu erlangen. Diese von internen Machtkämpfen, von wechselnden Bündnissen und politischem Verrat geprägte Ära begünstigte die Verbreitung und den Austausch von Kultur, Kunst und Technik: Die Grundlagen eines zukünftigen vereinten Königreiches wurden gelegt. In dieser Epoche (18 v. Chr. – 668 n. Chr.) müssen sich die Stämme der Halbinsel zu einem koordinierten Widerstand gegen China zusammenschließen. Aber erst im 7. Jahrhundert gelingt dem südöstlichen Reich Silla erstmals eine Einigung der Halbinsel unter dem Namen Groß-Silla (668–918). Es ist der Beginn einer 200-jährigen Friedenszeit, des goldenen Zeitalters der koreanischen Kultur, und

gleichzeitig ein entscheidender geschichtlicher Wendepunkt, denn indem die Herrscher von Silla der Halbinsel durch den Zusammenschluss ein Mächtegleichgewicht bringen und die kulturellen, sprachlichen und institutionellen Unterschiede angleichen, schaffen sie das Fundament des modernen Korea mit klar definierten Landesgrenzen, die im Großen und Ganzen den heutigen entsprechen.

Das Königreich Groß-Silla ist ein glanzvoller, gut organisierter Staat mit rechtsstaatlichen Institutionen und Universitäten. Seine Hauptstadt Geumseong (die »Goldene Festung«) liegt zwischen den Bergen Seondo und Nam an den Flüssen Hyeongsan und Buk. Es ist eine kosmopolitische Stadt mit mehr als einer Million Einwohnern, für deren schachbrettartigen Grundriss man sich die damalige Haupstadt Chinas, Chang'an (das heutige Xian), mit der man enge Verbindungen pflegt, zum Vorbild nimmt. Die Stadt ist reich an prunkvollen Palästen, Tempeln und Festungen, und die Straßen bevölkern Händler, Kunsthandwerker, Reisende und Pilger – Ausdruck eines regen wirtschaftlichen und intellektuellen Lebens. Emissäre werden nach Indien und China entsandt, von wo sie philosophische und religiöse Schriften sowie wissenschaftliche und handwerkliche Kenntnisse mitbringen. Und am Horizont erhebt sich Cheomseongdae, die älteste Sternwarte der Erde, die auf Wunsch der Königin Seondeok (632–647), der Förderin der Künste und Wissenschaften, errichtet wurde.

Geumseong heißt heute Gyeongju und ist ein friedlicher Marktflecken in der Provinz Gyeongsangbuk-do. Der historische Stadtkern blieb trotz neuer Bauten erhalten. Ein Spaziergang durch das Viertel der Königsgräber in der Abenddämmerung, wenn die Luft erfüllt ist vom Zirpen der Grillen und die Formen langsam verschwimmen, kommt einer irrealen Zeitreise in die koreanische Vergangenheit gleich.

Ein ganz besonderer Zauber liegt über der Landschaft: Zwischen den zartgrünen, runden Hügeln, unter denen sich die Grabstätten der einstigen

Herrscher von Silla verbergen, stehen jahrhundertealte Pinien, die noch über die Ziegeldächer, deren Ecken sich wie von unsichtbaren Fäden gehalten nach oben biegen, hinausragen. Der Wind streift durch die Bambuswäldchen, die daran erinnern, dass hier vor fast 2000 Jahren das Reich bei einem Überraschungsangriff von einem Soldatenheer gerettet wurde, das aus der Grabstätte des Königs Muchi auftauchte und sich – nachdem es den Feind siegreich in die Flucht geschlagen hatte – in Bambus verwandelte … Die Glocke des Tempels Bongdeoksa, die berühmte Emille-Glocke, hallt noch wider von dem ewigen Klagen des kleinen Mädchens, das als Opfergabe für einen gelungenen Guss lebendig in die glühende Bronzemasse gestürzt wurde. In dem Läuten erkennt man, so heißt es, den reinen und schmerzerfüllten Klang einer Kinderstimme, die nach ihrer Mutter – im Altkoreanischen *emi* – ruft.

Im Südgebirge, dem heiligen Ort des Buddhismus, findet sich eine Vielzahl von Reliefs, Statuen, Festungen, Tempeln und Einsiedeleien entlang der

»Zu uralten Zeiten, im Silla-Reich
entstand dieser Tempel.
Tausend Buddhas kamen damals
weit her, aus Indien, fern im Westen.
Doch auch der Dawai, an dem sich einst ein Kaiser verirrte,
ist heute, wie der Tiantai-Berg, geweihte Erde.
Der Frühlingshimmel trübt sich ein,
es wird wohl Regen geben,
und die Vögel zwitschern.
Der alte Baum harrt unbewegt,
träge weht ein Lufthauch.
Nichts, das ein Lächeln verdiente.
So viel schon hat der Berg erlebt,
doch nun wirbelt nur Staub.«

Pak Eun (1479–1504),
»Der Tempel der friederfüllten Seelen«

»In einer klaren Nacht schöpfe ich klares Wasser,
Der glänzende Mond steigt aus dem Brunnen auf,
Still halte ich mich am Brunnenrand fest,
Ein leichter Wind bewegt den Schatten des Pawloniabaumes.«

Kim Samuidang (geboren 1769)

In dem Labyrinth der Sträßchen von Gaeseong am Fuße des Berges Janam steht immer noch einer der letzten eckigen Brunnen Koreas, an dem schon die Kurtisane Hwang Jini Wasser holte.

Wanderwege durch die zehn Täler, über denen Geumosan, der »Berg der goldenen Schildkröte«, thront. Lächelnde, bizarre oder feierliche Buddhas zieren selbst die kleinsten Felsflächen inmitten einer üppigen Natur mit karmesinroten Ahornbäumen und goldgelben Ginkgobäumen, welche an ein Gemälde der Malergruppe der Nabis erinnert. Beeindruckend ist der monumentale Buddha in der Seokkuram-Grotte, den begnadete Steinmetze des Silla-Reiches aus Granit geschlagen haben. Die Grotte am Westhang des Berges Toham ist eines der schönsten buddhistischen Heiligtümer Asiens. Am Fuße des Berges erstreckt sich Bulguk-sa, das Buddhaland-Kloster. Von den achtzig Gebäuden, die das Zentrum zu seiner Blütezeit zählte, überstanden acht die Wechselfälle der Geschichte.

Der unvergleichliche Glanz von Silla sollte letzten Endes verblassen. Geumseong, die Stadt der erlesenen Freuden, ist nur noch eine Insel inmitten eines Reichs, das von Revolten und Bauernaufständen erschüttert wird. Es ist das Ende des Silla-Reichs. Letzte Zeugen des tragischen Untergangs sind ein bizarrer, schlangenartig gewundener Kanal und die Reste des Fundaments des Pavillons Poseokjeong, einer der einstigen Lustgärten der Hauptstadt inmitten eines Bambuswaldes. Der gesamte Hofstaat war dort gerade wieder zu literarischen Wettbewerben versammelt, man rezitierte Gedichte, und auf dem Wasser des Kanals schwammen mit Wein gefüllte Schalen, als die feindlichen Truppen des Rebellen Kyon Hwon die Gesellschaft überfielen und den letzten Silla-Herrscher zur Abdankung zwangen. Weniger friedliche Zeiten brachen an.

Zwischen 918 und 1392 regiert unter dem Namen Goryeo – abgekürzt von Goguryeo, einem Namen, der ihre nördliche Abstammung verdeutlichen soll – eine neue Dynastie. Aus Goryeo entwickelte sich später der Name Korea. Die Hauptstadt des Reiches wird nach Songak verlegt, das heutige, nördlich von Seoul und in Nordkorea gelegene Gaeseong, eine kosmopolitische Stadt mit florierender Wirtschaft und einem Hafen

(Byeoknanto). Schon bald wird das Land zum Schauplatz ständiger Invasionen. In weniger als sechs Jahrhunderten muss Korea wiederkehrenden Einfällen der Khitan (933, 1010, 1018), der Jurchen (1104, 1115), der Mongolen (1231, 1273), der Japaner (1592–1598) und der Mandschu (1627, 1637) die Stirn bieten. Der achte Monarch des Goryeo-Reiches, Hyeonjong (1009–1031), hoffte das Land schützen zu können und ließ ein patriotisches Werk schaffen: das erste *Tripitaka Koreana*, eine vollständige Sammlung aller heiligen buddhistischen Schriften und Abhandlungen. Für das gewaltige Unterfangen wurden von Mönchen fast fünfzig Millionen Buchstaben in 81 258 Holzdruckplatten geschnitzt. 1232 fiel das Werk jedoch den Mongolen zum Opfer. Von 1033 bis 1044 ließ man schließlich eine 250 Kilometer lange Mauer von gut zwölf Metern Höhe aus gestampfter Erde und Steinen errichten, die eine Reihe von Befestigungsanlagen zwischen der Mündung des Yalu und dem Japanischen Meer miteinander verband. Ein erfolgloses Unterfangen, denn der große Dschingis Khan wandte sich nach der siegreichen Eroberung Nordchinas und der Mandschurei Korea zu.

Im Jahr 1232 fliehen König und Hofstaat vor den mongolischen Truppen und suchen auf der Insel Ganghwa Zuflucht. In den folgenden 28 Jahren wird das Land verwüstet, werden seine Reichtümer geraubt, seine Tempel und Keramikbrennöfen in Schutt und Asche gelegt. Auf der Insel Jeju werden

OBEN
Das *Tripitaka Koreana* (1237–1251), das die UNESCO zum Weltkulturerbe zählt, wird im Kloster Haeinsa gehütet. Die Konzeption der vier Hallen der Bibliothek Janggyeonggak ruft die Bewunderung von Konservatoren hervor: Ein ausgeklügeltes System zur natürlichen Belüftung, Feuchtigkeitsregulierung und Isolierung ermöglichte eine Luftzirkulation bei richtiger Temperatur und optimaler Luftfeuchtigkeit.

FOLGENDE SEITE

Die Zwillingshügelgräber, in denen Gongmin, der 31. König von Goryeo (reg. 1351–1374), und seine Frau ruhen, überblicken das Tal des Muksanri, des »Tintenflusses«, eines Baches mit dunklem Wasser, von dem man sagt, ein Kalligraph habe seine mit Tinte beschriebenen Blätter hineinfallen lassen … Eine ebenso reizende Geschichte ist die der Liebe zwischen dem König und der Mongolin Noguk, die diesen verzauberte, indem sie entgegen der Etikette ohne Sattel ritt und ihr Haar offen trug. Ihre Liebe reicht bis über den Tod hinaus: denn abgesehen von den Symbolen der Verbundenheit des Reiches Goryeo mit der Mongolei – steinernen Tigern und Schafen rings um die Grabstätten – weist noch ein weitaus romantischeres Detail auf das enge Band hin: Eine winzige Öffnung zwischen den beiden Grabkammern soll es den Seelen des Paares ermöglichen, miteinander zu kommunizieren.

die kleinen berühmt-berüchtigten Pferde des Mongolenheeres gezüchtet. Das gedemütigte Korea unterwirft sich der mongolischen Herrschaft, übernimmt Mode und Sitten der Eroberer und entrichtet Tribute an Peking: Falken, Seladon, Gold, Ginseng und Seidenstoffe.

Für die Koreaner wurde »das Fremde« mehr denn je zum Synonym für Unheil. Bewaffnete Banden plündern die Hauptstadt Gaeseong, es herrscht Chaos. In den Annalen liest man von Überfällen, Grausamkeiten und Orgien. Das Gerücht geht um, dass die Vandalen die einheimischen Mädchen für sich in ihren Zelten aus Tierhäuten tanzen lassen, bevor sie ihre Brüste verschlingen … Auch der Süden der Halbinsel bleibt vom Terror nicht verschont, denn hier sorgen über das Meer kommende japanische Piraten für Angst und Schrecken.

In der zweiten Hälfte des 14. Jahrhunderts geht das Königreich Goryeo, ruiniert und korrumpiert, unter. Der General Yi Seong-Gye verweigert den Befehl, die Mongolen an der Nordgrenze des Reichs zu bekämpfen, und wendet sich stattdessen gegen die Hauptstadt, wo er aus den Machtkämpfen, die zwanzig Jahre lang andauern, siegreich hervorgeht und die Dynastie der Yi (1392–1910), die letzte der Geschichte Koreas, begründet. Als neuer König Yi Taejo macht er Hanyang, das heutige Seoul, zu seiner Hauptstadt. Korea erhält, in Anlehnung an das mythische Königreich seiner Entstehungsgeschichte, erneut den Namen Joseon. Die Lage der neuen Hauptstadt ist nach den »Gesetzen von Wind und Wasser«, dem *pungsu*, ideal gewählt: zwischen der »Schildkröte« (dem Bugak-Berg im Norden), dem »Weißen Tiger« (dem Inwang-Berg im Westen) und dem »Blauen Drachen« (dem Nak-Berg im Osten). Der neue Herrscher will erneut für Ordnung und Moral in der Gesellschaft sorgen, und so widmet er sich ganz dem Wiederaufbau des Landes und seiner Institutionen. Der Neo-Konfuzianismus verdrängt den Buddhismus als Staatsreligion.

Als Herrschaftssitz lässt sich Yi Taejo den Palast der Strahlenden Glückseligkeit (Gyeongbok-gung)

»Auf dem Turm der Kaserne,
auf der mondhellen Insel Hansan
sitz ich allein, in Sorgen versunken,
an der Seite ein großes Schwert.
Horch, im Dunkel ein heller Pfiff –
durchdringend erschüttert mir's Mark und Bein.«

Dieses Gedicht zählt zu den schönsten Koreas und wird dem Admiral **Yi Sun-Sin** (1545–1598), dem Retter des Vaterlandes, zugeschrieben.

errichten. Die Anlage mit dem Bugak-Berg im Hintergrund verschlägt einem den Atem: Bereits von der Gwanghwamun-Kreuzung kann man die imposanten, sanft geschwungenen Formen der Gebäude und Pavillons bewundern, deren Dächer sich von dem beeindruckenden Bergkessel wie ein Bühnenbild abheben. Der König lässt außerdem einen Erd- und Erntealtar (heute im Sajik-Park) errichten und gemäß der konfuzianischen Tradition einen Schrein zur Aufbewahrung der königlichen Seelentafeln, den Jongmyo. Im Jahr 1396 sind schließlich auch die Befestigungsanlagen der Stadt fertig gestellt: Noch heute lassen die vier Haupttore, die jetzt im Großstadtverkehr untergehen, die imposante Größe der hohen, 18 Kilometer langen Wehrmauer erahnen.

Doch die Spirale der Kriege ist noch nicht beendet. An der Gwanghwamun-Kreuzung spiegelt sich ein majestätisches Bronzestandbild in der Glasfassade des Kyobo Building: Es erinnert daran, dass Korea ohne das außergewöhnliche seemännische Geschick des Admirals Yi Sun-Sin (1545–1598) den japanischen Invasionen nicht hätte standhalten können. Der feindliche Befehlshaber, dem sich der Admiral in den Gewässern vor Busan gegenübersieht, ist der größenwahnsinnige Stratege Toyotomi Hideyoshi, der in der Unterwerfung Koreas nur einen Auftakt zur Eroberung Chinas sieht. Aber der erfinderische Yi Sun-Sin schafft sich eine unbezwingbare Flotte, indem er die längst in Vergessenheit geratenen »Schildkrötenboote« perfektioniert, deren lanzengespickte Überdachung aus Eisenplatten dem Feind das Entern unmöglich macht, während man selbst mit Kanonen angreifen kann. Die japanischen Angreifer ziehen sich zurück, jedoch nicht, ohne erbeutete Kunstschätze als Trophäen mitzunehmen.

Erneut bleibt ein ausgeblutetes Korea zurück, ein Trümmerfeld. Zwei Drittel des Ackerlandes liegen brach, die Bevölkerung ist dezimiert, und als Gipfel des Grauens verlassen die japanischen Schiffe Korea mit zahlreichen verstümmelten Gefangenen. Im Jahr 1984 wurden unzählige menschliche

Überreste wiedergefunden und nach Korea zurückgebracht, wo sie mit allen Ehren bestattet wurden. Diese symbolische Zeremonie war von großer Bedeutung, denn in Korea ist man überzeugt, dass die Verstorbenen im Jenseits nur mit ihren vollständigen Leibern ewigen Frieden finden und ansonsten gezwungen sind, für immer als *wollyeong*, als ruhelose Seelen, umherzuirren und das Leben ihrer Nachkommen zu stören.

Die letzte mandschurische Invasion von 1627 traumatisiert das koreanische Volk vollends. Der König, der sich in der Südfestung Namhansanseong nahe Seoul verschanzt hat, ist gezwungen, seine Männer dem mandschurischen Herrscher Abahai auszuliefern und sich zu ergeben. Eine schreckliche Zeit läutet das Ende der Monarchie ein: Das Reich Joseon steht unter der Oberherrschaft der Mandschu, die unter dem Namen Qing (1644–1911) die herrschende Dynastie in Peking stellen. Das Land wendet sich von der Außenwelt ab. Dies ist die Geburtsstunde des Einsiedlerreiches.

Abgesehen von der arabischen Flotte, die seit langem schon auf den Seewegen des Morgenlandes unterwegs war, kannte noch niemand das kleine Königreich am Ende der Welt. In der Nacht des 16. Augusts 1653 geht die *Sperweer*, ein Schiff der Holländisch-Ostindischen Handelsgesellschaft, unter, und 36 Mann der Besatzung können sich mit letzter Kraft aus den eisigen Gewässern an die felsige Küste der südlich gelegenen Insel Quelpaert (heute Jeju) retten. Sie wissen zu diesem Zeitpunkt weder, wo sie sich befinden, noch, welches Schicksal diese fremde Gegend für sie bereit hält, von der sie später erzählen werden, dass es dort vor Krokodilen nur so wimmelte. Sie hätten es gewiss nicht für möglich gehalten, dass die Bewohner dieses Königreiches, die ihnen so freigiebig Dach, Frauen, Kleidung und Nahrung gaben, sie für mehr als 13 Jahre festhalten sollten – denn die unerbittliche Sitte wollte es, dass die Landesgrenzen nicht nur Fremden von außen verschlossen blieben, sondern auch kein Fremder mehr das Land verlassen durfte. Dem

Die kakifarbenen Uniformen sind zwar in den Straßen der Dörfer und Städte Nordkoreas allgegenwärtig, doch das heißt noch lange nicht, dass ihre Träger Angehörige des Militärs sind. Die jungen Mädchen bei der Besichtigung des Tempels Bohyeon-sa gehören einer »zivilen Militärorganisation« an. Diese Vereinigungen stellen ihren Mitgliedern die Kleidung kostenlos zur Verfügung – eine willkommene Geste in wirtschaftlich schwierigen Zeiten. So tragen selbst Soldaten auf Urlaub Uniform.

Kapitän des untergegangenen Schiffes, Hendrik Hamel, gelingt die Flucht; er veröffentlicht 1668 ein Buch über seine abenteuerliche Reise.

Trotz dieser Abschottung gegen die Außenwelt ist die Litanei der Invasionen und Kriege, die das Land heimsuchen, noch lange nicht zu Ende. Während der letzten 200 Jahre des Jahrtausends fallen chinesische, japanische, amerikanische und französische Armeen in das koreanische Reich ein. Aufgrund einer französischen Militärexpedition unter dem Kommando des Marschalls Roze im Jahr 1866, bei der die französischen Truppen auf der Insel Ganghwa die königliche Bibliothek plünderten, befinden sich bis heute 342 kostbare Bände in der französischen Nationalbibliothek in Paris. Die koreanische Regierung verlangt die Rückgabe dieser Werke, die zum koreanischen Kulturgut gehören, insbesondere ein Exemplar des *Jikji simche yojeol* aus dem Jahre 1377 – das älteste und einzige Zeugnis für die Verwendung von beweglichen Metalllettern in Korea, sechzig Jahre vor Gutenberg (1438).

Erst gegen Ende des 19. Jahrhunderts öffnet sich das Einsiedlerreich wieder – jedoch nicht freiwillig, denn es wird von den internationalen Großmächten zum Abschluss von Wirtschaftsverträgen gezwungen. Korea büßt für die konservative und fremdenfeindliche Politik des Herrschers Daewongung, des Vaters von König Gojong und Regenten des Königreiches, die zum Teil für den misslungenen Eintritt des Landes in den Reigen der modernen Staaten verantwortlich zu machen ist. Mit der Unterzeichnung des Vertrages von Ganghwa mit Japan befreit sich Korea 1876 von der chinesischen Bevormundung und wird zu einem souveränen Staat. Doch diese Emanzipierung erweist sich als gefährlich: Indem Korea sich dem chinesischen Einfluss entzieht, ist es vollkommen wehrlos den kolonialistischen Ambitionen Japans ausgeliefert. Das 19. Jahrhundert endet für Korea in einer unablässigen Folge von Angriffen, Machtkämpfen und Konflikten, die 1895 mit der Ermordung der letzten großen koreanischen Herrscherin und bewundernswerten Poli-

tikerin, der Königin Min, durch ein von Japan bezahltes Mordkommando ihren traurigen Höhepunkt erreichen. Das Land hält die Fäden seines Schicksals nicht mehr selbst in der Hand, und ohne internationale Proteste wird Korea am 22. August 1910 von Japan annektiert. Es folgen 35 Jahre der Kolonialregierung, die wie ein Stachel in der Seele des koreanischen Volkes stecken. Die koreanische Sprache wird zugunsten des Japanischen verboten, Namen und Vornamen werden japanisiert. Tausende Frauen und Kinder werden von der japanischen Armee verschleppt und in den »Erholungsstützpunkten« der vordringenden japanischen Truppen zur Prostitution gezwungen; Tausende von Kriegsgefangenen werden in Konzentrations- oder biologischen und chemischen Versuchslagern gefangen gehalten.

Trotz der Normalisierung der diplomatischen Beziehungen ist auch zu Beginn des dritten Jahrtausends der Hass gegenüber Japan noch immer lebendig: Nicht nur, dass die Nachkriegsprozesse von Tokio eine Farce waren, da die Hauptschuldigen straffrei davonkamen, sondern darüber hinaus hat Japan bis heute nicht die Verantwortung für die begangenen Verbrechen übernommen und sich mit wenig überzeugenden Entschuldigungen begnügt.

So erklärt es sich, dass der südkoreanische Präsident Kim Young-Sam am 15. August 1995, dem 500. Jahrestag der Unabhängigkeit, die Zerstörung des 1926 von den Japanern erbauten Gebäudes Jungangcheong anordnete und die ganze Nation applaudierte. »Ein neues Kapitel der Geschichte kann beginnen«, titelten die Zeitungen. Der einstige Sitz der japanischen Kolonialregierung im Herzen der Palastanlage Gyeongbok in Seoul war zweifelsohne für die Generation der Besatzungszeit ein schmerzlicher Anblick – aber kann man mit einem Bulldozer die Vergangenheit auslöschen? Auf die Gesamtheit des Landes angewendet, bedeutete dies, dass man das Verkehrsnetz – Straßen und Eisenbahnlinien –, Banken, einige Bahnhöfe und Kaufhäuser und selbst die komplette Rechtsordnung beseitigen müsste, da

»Pfeile wollen wir sein,
mit Körper und Seele
zischend die Lüfte durcheilen.
Einmal losgelassen,
kehren wir nicht wieder.
Einmal eingeschlagen,
sitzen wir tief und fest,
verrotten quälend wie der Schmerz
unseres wundschlagenden Hiebs.

Ein Atemzug noch
bevor die Sehne des Bogens
uns kraftvoll schnellen lässt.
Aufgeben, alles, wie Lumpen, Fetzen:
Besitztümer, aus Jahrzehnten
und über Jahrzehnte
Wertgeschätztes, Angehäuftes,
und auch das Glück, ja alles, denn
nun sind wir Pfeile, mit Körper und Seele.

Die Lüfte, ein Schwirren und Zischen,
mit Körper und Seele die Lüfte
durchschießend zerteilen.

Da strömt er zusammen, der Feind
im Schatten des helllichten Tages verborgen,
bald wird er blutspuckend fallen.
Ein Schlag, wir alle vereint,
wir Pfeile, auch wir geben hin
unser Blut.

Keine Wiederkehr, nein, kein Zurück.
Pfeile, Pfeile des Vaterlands,
tapfere Kämpfer, ruhmreiche Seelen.«

Ko Un (geboren 1933),
»Die Pfeile«

sie alle aus der Ära stammen, in der Seoul als Provinzstadt Japans noch Keijo hieß.

Das bis heute ungebrochene Hassgefühl erklärt sich auch durch folgendes Dilemma der Koreaner: Wie soll man damit umgehen, dass die Modernität Hand in Hand mit der Demütigung Einzug gehalten hat, zu einer Zeit, da die Menschen im eigenen Land nur Bürger zweiter Klasse waren? Diese schwierige Verbindung von Fremdherrschaft und Öffnung des Landes hat die koreanische Geisteshaltung nachhaltig geprägt. Durch die Olympischen Spiele von 1988 nahm man erstmals überall auf der Welt von Korea Notiz. Von der Bevölkerung, die unter großen Steuerbelastungen, den niemals enden wollenden städtebaulichen Maßnahmen und Zwangsumsiedelungen litt, wurde dieser erfolgreiche Auftritt auf dem internationalen Parkett jedoch als Zwang empfunden. Erst Mitte der 1990er Jahre bewirkte die von Präsident Kim Young-Sam verfolgte Politik der Globalisierung *(segyehwa)* eine wirkliche Veränderung in den Köpfen der Menschen. Dieser Beginn einer Phase der freiwillig befürworteten Öffnung, deren Höhepunkt die Fußballweltmeisterschaft 2002 war, ist ein beispielloser Richtungswechsel, der von einer neuen, selbstbewusst dem Westen zugewandten Generation ausgeht.

Zwar bedeuteten der Koreakrieg (1950–1953) und die folgende Teilung des Landes den Schlusspunkt einer langen Reihe von Kriegen und Katastrophen – doch auch im Jahre 2003 bleibt man auf der Hut. Im Lager Bonifas, nur wenige Stunden von Seoul entfernt, schlafen die Soldaten nachts mit Stiefeln, jederzeit bereit, in weniger als einer Minute an der explosivsten Grenze der Welt, der letzten Narbe des kalten Krieges, zu intervenieren: Die »entmilitarisierte Zone« entlang des 38. Breitengrades wurde 1945 bei der Befreiung von der japanischen Kolonialherrschaft geschaffen und teilt Korea in zwei Teile. Auf der einen Seite herrscht eines der letzten kommunistischen Regime mit einer mehr als eine Million Mann starken Armee über ein ausgehungertes Nordkorea, auf der anderen Seite befindet sich das

reiche, dynamische Südkorea mit 650 000 eigenen und 37 000 amerikanischen Soldaten. Eine beängstigende Konstellation, wenn man bedenkt, dass sich die beiden Länder seit dem Waffenstillstand von 1953 de facto immer noch im Krieg befinden. Die Gefahr ist da. »Pyongyang könnte in einem Zeitraum von acht Stunden 48 000 Artilleriegeschosse auf die 21 Millionen Menschen in dem nur vierzig Kilometer entfernten Seoul und seiner Umgebung abfeuern«, erklärt die nordkoreanische Armee.

Im Gegensatz zu dem einst geteilten Deutschland fand hier am Ende des Krieges eine totale Zäsur statt: Keinerlei Briefwechsel, keinerlei Kontakt wird geduldet. Es herrscht absolute Funkstille, die ab und an von Provokationen, Attentaten und schrecklichen Berichten der Flüchtlinge aus dem Norden unterbrochen wird – und schließlich von den unerträglichen Bildern der Hungersnot in Nordkorea, das aufgrund des Zusammenbruchs der Sowjetunion 1991 von den Quellen seiner Energieversorgung abgeschnitten ist.

Wohl jeder auf der Halbinsel träumt von einer Wiedervereinigung. Die *sunshine policy*, die Politik der Annäherung des südkoreanischen Präsidenten Kim Dae-Jung, führte zu einem ersten historischen Gipfeltreffen der Staatschefs der beiden feindlichen Brüder im Juni 2000 in Pyongyang und weckte die Hoffnung auf eine wiedervereinte Halbinsel. Im Grunde ist alles vorbereitet. Die leuchtend blauen Flaggen des neuen Korea knattern im Wind entlang der ausgestorbenen Autobahn zum Bahnhof von Dora-san, einem gespenstischen Gebäude inmitten der Natur am Rande der DMZ, dem nur Züge und Fahrgäste fehlen, um Seoul und Pyongyang zu verbinden.

Aber ist die junge Generation der Südkoreaner, die mit Handy, bunt gefärbten Haaren und Bauchnabelpiercing ihr Geld in den südlichen Bezirken der Hauptstadt verprasst, bereit, ihren hohen Lebensstandard für die wiederzuerlangende Ehre ihres Landes aufzugeben? Für sie sind die Onkel und Tanten jenseits des 38. Breitengrades nichts als ver-

gilbte Fotos, und die grenzübergreifenden Familientreffen, die von Zeit zu Zeit von den beiden Staaten als Zeichen des guten Willens organisiert werden, gehen ihnen nicht mehr so nahe.

Nur die riesigen Kraniche der Mandschurei mit ihren schwarz-rot gestreiften Köpfen kümmern sich nicht um die Teilung und kehren jedes Jahr mit den ersten Novemberfrösten zum Überwintern in die Ebene von Cheolwon zurück. Von den Ufern des Flusses Amur und des Sees Ozero Khanka kommend, überfliegen sie in Dreier- oder Vierergruppen Wachtürme und Stacheldraht. Und die Lippen der Koreaner im Norden wie im Süden formen bei ihrem majestätischen Anblick das Wort *han*, einen Begriff, der untrennbar mit der Leidensgeschichte der Halbinsel verbunden ist und nicht präzise übersetzt werden kann: *han* steht für die unzerstörbare Last der Vergangenheit, eine schmerzende Wunde, begleitet von Melancholie und einem tief empfundenen Gefühl der Ungerechtigkeit. Diese Sublimierung der Hoffnungslosigkeit, sozusagen ein statisches Trauma, ist jedoch keineswegs eine Art koreanischer Fatalismus. Im Gegenteil: Mit der Zeit wurde *han* zum eigentlichen Motor der Gesellschaft, der geheime Grund für den unstillbaren Hunger nach Erfolg, Anerkennung und Stolz, der Korea zu einer der größten Wirtschaftsmächte der Welt gemacht hat – das Geheimnis der unglaublichen Vitalität der Bewohner des einstigen Einsiedlerreiches.

300 monumentale Stufen führen an den Hängen des Berges Daeseong bei Pyongyang zu den 134 Kupferbüsten des Friedhofs der revolutionären antijapanischen Märtyrer. Täglich sieht man hier ganze Schulklassen in andächtigem Gedenken, namentlich vor der Büste von Kim Jeong-Suk (1919–1949), der ersten Frau von Kim Il-Sung.

서울禮式部
李起玉君
閔喜淑孃

Die Wurzeln des Lebens

Die im kühlen Schatten einer Ulme kauernde Gestalt bewegt sich nicht. Nur die Jacke aus weißer Ramie wird vom Wind aufgebläht. Der Gesichtsausdruck ist aufmerksam, die Haut von der Sonne gegerbt, und die rötlichbraunen, hervortretenden Wangenknochen muten mongolisch an. Der Mann beobachtet den sich lichtenden Nebel über dem Holzgeflecht eines kleinen achteckigen Pavillons. Am 1. März 1919 verlasen hier 33 Intellektuelle die Unabhängigkeitserklärung Koreas. Der darauf folgende gewaltlose Aufstand im Land wurde von den japanischen Besatzern grausam niedergeschlagen – es gab Tausende von Inhaftierten, Verletzten und Toten.

Wir befinden uns im Pagodenpark – Tapgol Gongwon – im Zentrum von Seoul, nur wenige Schritte von dem höllischen Verkehr am Dongdaemun, dem Großen Osttor, entfernt. Das Labyrinth des ehemaligen Großmarkts mit seinen Ständen voll herrlicher Seidenstoffe musste vor zwei Jahren Einkaufszentren mit überdimensionalen Rolltreppen Platz machen. Die Kreuzung unter dem mächtigen ehemaligen Stadttor ist schwarz vor Menschen. Einige Straßen weiter, wenn man die Jongnostraße Richtung Gwanghwamun entlanggeht, erstreckt sich das Viertel Insadong, das Viertel der Antiquitätenhändler. Die berühmten Gässchen werden von *hanoks* gesäumt, traditionellen Wohnhäusern, in denen Teestuben im alten Stil oder ländliche Lokale entstanden, in welchen man einfache, bodenständige Gerichte serviert bekommt – Sojabohnenpaste, Bergkräuter und milden Reisschnaps. Scharen junger Koreaner auf der Suche nach einer eigenen Identität zieht es hierher, und natürlich ebenso viele Touristen auf der Suche nach dem Exotischen. Hier kann man sich für teures Geld ein Bild von dem alten Korea machen, obwohl doch nur einige hundert Meter weiter ein ganz anderes Korea zu finden ist, ein weniger glattes, perfektes, ein Korea der Gerüche, Geräusche und Farben …

Ein alter Mann rückt die Ringe aus Weidenruten zurecht, die in die Ärmelbündchen und den Hals-

ausschnitt seiner Kleidung eingearbeitet sind, damit der Stoff nicht auf der Haut aufliegt. Sein Blick fällt auf die monströse Parkplatzeinfahrt aus Beton, die mittlerweile den Park von den benachbarten Gässchen trennt. Er seufzt. Mit seinen neunzig Jahren kommt Park Seung-Heon noch täglich in den Pagodenpark, um seine Freunde zu treffen, »Männer von einst«, die wie er bis vor 15 Jahren den Beruf des Immobilienmaklers ausgeübt haben. Früher gehörte der Anblick dieser alten Männer, die auf den Bänken in den Parks oder auf Dorfplätzen saßen und nach guten Geschäften Ausschau hielten, zum alltäglichen Bild, wie die Ginkgobäume oder die mit einer Kurbel betriebenen Wanderkarussells. Inzwischen haben die Immobilienunternehmen dieses Netzwerk zerstört, doch der alte Herr Park ist seinen Gewohnheiten treu geblieben. Von seinem Platz unter der Ulme aus beobachtet er, wie sich sein Korea, auf das er so stolz ist, verändert. Seit jenen Tagen, da er als kleiner Junge, bekleidet mit der von den Japanern angeordneten Militäruniform, auf die schon fahrende Straßenbahn aufsprang, um zur Schule zu kommen, scheint sich die Zeit zu überschlagen. Die junge Generation mit Handy und Webcam lebt in einer Welt, die ihren Eltern und Großeltern fremd ist: Der Krieg, die Teilung des Landes, die Industrialisierung, die Lockerung der Sitten und die Öffnung zur Welt haben die jahrhundertealten Strukturen zutiefst erschüttert.

Der alte Mann dreht sich um, als er ein junges Studentenpaar Arm in Arm vorübergehen sieht. Diese Schamlosigkeit ist ihm peinlich. Er dagegen kann dank seines hohen Alters, das ihn in der Gesellschaft zu einer Respektsperson macht, über die Stränge schlagen, so viel er will. Park ist mit seinem Leben zufrieden. Zu *hwangap*, seinem sechzigsten Geburtstag, ist seine gesamte Familie, Kinder und Enkelkinder, vor ihm niedergekniet: *Hwangap* und *dol* – der erste Geburtstag – sind für die Koreaner von größter Bedeutung, denn sie stellen den Beginn und die Vollendung eines kompletten Zyklus des Mondkalenders dar. Nachdem man sich bis

dahin ganz der Familie und dem Beruf gewidmet hat, läutet die Vollendung des sechzigsten Lebensjahres die Zeit der Erholung und persönlichen Entfaltung ein. Das gilt besonders für die Frauen: Sie können sich – von jeglicher Verantwortung befreit, über jeden Vorwurf der Leichtlebigkeit erhaben – sämtliche Freuden gestatten; und so sind lärmende Gruppen älterer Frauen, die es sich bei einem üppigen, feuchtfröhlichen Abendessen gut gehen lassen und das Leben wie nie zuvor in vollen Zügen genießen, kein seltener Anblick.

Mit einem Augenzwinkern ruft der alte Mann der Wirtin eines weiter unten gelegenen Lokals einige anzügliche Scherzworte zu. Ein schneller Wortwechsel – ihre Stimmen sind heiser und rau von der Arbeit im Freien, der Luftverschmutzung und den Zigaretten. Freimütiges Gelächter. Der Mund des alten Mannes öffnet sich zu einem breiten, gold- und silberfarbenen Lächeln. Die Frau, eine Matrone von gut fünfzig Jahren mit kurzen, dichten Locken, leert mit energischem Schwung den Inhalt ihres Eimers auf den Weg, worauf einige Schülerinnen wie eine Schar erschreckter Vögel Reißaus nehmen, um dann ihre Meinung zu ändern und sich an einem wackligen Tisch niederzulassen.

Nachdem sie mit Bedacht ihre winzigen, schimmernden Täschchen mit dem neonrosafarbenen Hello-Kitty-Handy darin in die Mitte des Tisches gelegt haben, beginnen sie unter Kichern ihr Make-up aufzufrischen. Park räuspert sich laut. Die Mädchen rufen ihm »*Harabeoji!*« – »Großvater!« – zu, und schon ist ein neckendes Gespräch im Gange. Die Wirtin stellt lächelnd einen Teller mit *tteokboggi*, Reisklößchen in einer dicken, chiliroten Sauce, vor die Mädchen. Es ist das Lieblingsgericht der Jugend, das aber inzwischen mehr und mehr von Fastfood verdrängt wird. Hamburger und Hot Dogs haben weit ausgewogeneren Speisen wie Nudelsuppe, Röllchen mit Seetang, Gemüse und Reis den Rang abgelaufen. Folglich sieht man seit einiger Zeit auch auf koreanischen Schulhöfen übergewichtige Kinder. Die jungen Leute, irgendwo zwischen

祥雲瑞日

순대

FOLGENDE SEITE

Einst gehörten Ginsengwurzeln zum Tribut, den der koreanische Hof an den chinesischen Kaiser entrichten musste. Heute ist die Wurzel in der gesamten Welt bekannt. Am begehrtesten, aber auch am teuersten, ist der wilde Ginseng *(sansam)*, den die Sammler *(simmani)* in den entlegensten Winkeln der Berge suchen, geführt vom Geist des Berges *(sansin)* und der Weisung, der »Richtung einer aufleuchtenden Sternschnuppe« zu folgen. Der Ernte der Wurzel, die viel der Energie *yang* in sich trägt, geht ein langes Ritual der Reinigung und der Opfergaben an den *sansin* voraus.

dem Lebensrhythmus von gestern und heute, kombinieren nicht selten die traditionelle und die westliche Küche. Ein Frühstück mit Seetang und Reis zu Hause und dann vielleicht eine Cola und einen Hamburger auf dem Schulweg. Für eine ganze Generation, die noch Zeiten kannte, da eine Schale mit Bruchreis, den man mit Gerste gestreckt hatte, ein Festmahl war, gelten einige Bauchfalten getreu dem Bildnis von Buddha als ein offenkundiges Zeichen für gute Gesundheit. Und wer wollte daran denken, einem vergötterten Kind etwas vorzuenthalten?

Man hört das Klappern von Metallschüsseln. Eine Tür geht auf, und ein Schuljunge stürzt in den Hof. Von der Tür aus erblickt man einige Frauen, die vor großen Schüsseln mit Rettichen und Lauch am Boden hocken. Mit präziser Ruhe führen ihre Hände riesige Hackmesser, deren Klingen in der Sonne aufblitzen. Das regelmäßige hämmernde Geräusch auf dem Brett scheint ihrem Lachen den Rhythmus vorzugeben. In wenigen Augenblicken ist die Luft von einem heißen, pikanten, leicht säuerlichen Duft erfüllt, der einem Tränen in die Augen treibt. Die Luft brennt, angefüllt mit feurigen Chilipartikeln, die mit den Ausdünstungen des goldfarbigen, frisch gepressten Sesamöls aufsteigen. Mit kräftigen Handbewegungen verrühren die Frauen Chili, Knoblauch, Kohl und die Salzlake von Krabben – die Hauptzutaten für *gimchi*. Die Mädchen am Tisch atmen begeistert den Duft der noch ganz frischen, noch kaum fermentierten Beilage ein, die ihnen die Wirtin in einem Schüsselchen auf den Tisch stellt.

In Korea ist eine Mahlzeit ohne *gimchi* keine wirkliche Mahlzeit, es gehört neben der Suppe und dem Reis zu den drei unabdingbaren Bestandteilen, die unter der Vielzahl anderer kleiner Speisen auf keinem Esstisch fehlen dürfen – egal ob in reichen oder armen Haushalten, ob morgens, mittags oder abends. *Gimchi* ist ein echtes kulturelles Erbe, das für Korea das bedeutet, was das Baguette für Frankreich oder der Tee für England ist. Die berühmteste

Variante *(tongbaechu gimchi)* wird mit Chinakohl zubereitet und entzündet ein Geschmacksfeuerwerk aus Knoblauch und Chili, doch es gibt unzählige weitere Abwandlungen, die einen beim Kosten in ein Reich unendlicher Geschmacksvielfalt versetzen: Sellerie, milde Rüben, Rettich, Knoblauchstengel, Ingwer, Pfeffer, grüne Zwiebeln, Austern, Kastanien und Pinienkerne, ganz abgesehen von den unterschiedlichsten Chilivariationen – gehobelt, zerdrückt, zerstoßen, als Pulver.

Gimchi ist wie Sauerkraut oder Joghurt ein fermentiertes Lebensmittel, das früher sehr wichtig war, um zu jeder Jahreszeit eine ausgewogene Ernährung mit den nötigen Vitaminen und Ballaststoffen zu gewährleisten, damals, als es noch keine Kühlschränke gab und man das *gimchi* in riesigen bauchigen Tonkrügen mit glänzender Glasur verschloss und diese dann im Garten vergrub oder auf den Balkonen – ein Zeichen der Opulenz – stapelte. Inzwischen kann man das ganze Jahr über frisches Gemüse aus dem Treibhaus kaufen, und so droht eines der wichtigsten Ereignisse im koreanischen Jahr, das *gimjang*, die Vorbereitung des Wintervorrates an *gimchi* im Spätherbst, in Vergessenheit zu geraten. Bald wird ein Kapitel der koreanischen Kultur für immer in Plastikverpackungen eingetütet oder auf kleine, vakuumverpackte Beutelchen reduziert werden.

Der alte Mann ist zu den anderen weitergegangen, die um ein Spielbrett bei einer Partie *baduk* (dem koreanischen *go*) sitzen. Sommers wie winters kommt Park zum Tapgol Gongwon: im Sommer mit weißem Panamahut und einer langen Jacke aus Ramie, im Winter mit Pelzmütze und *durumagi*, einem Filzmantel. Nichts in der Welt könnte ihn dazu bewegen, sich anderswo als unter den Parkbäumen die Haare schneiden zu lassen. Kim, einer der letzten ambulanten Friseure der Hauptstadt, richtet dort jeden Sonntagmorgen seinen Salon ein, mit einem Hocker und hervorragenden Schweizer Scheren. Seine Dienstleistung ist günstig, und so reihen sich die Kunden aus den umliegenden Gässchen in die Warteschlange ein.

야끼 'Bar'
신라
노래방
5000원
신라
노래방
BarSsa
은좌 부동산
723-0884
다께
DON DON DON
와인
통삼겹
燒肉
야외바베큐
HOF
보스
중앙고시학원
프랑스
CIO
미국·일본
EnB
당구
사이버
노래방
2F
테크노
맥주창고
2.3F
6F 722-
주막
올림픽
1분80원
HOF
BAR
JAPANESE FUSION RESTAURANT
TERIYAKI
4.5F 722-
BLACK
BAR
호프
HOF
BEER DRINK
맥주
BAR
부동산

남집
제일재단
바이야스
롤.직결.열 전문
268-4534
269-3530
만수식당지하 ↘
매운탕
철판
참眞이슬露

Es ist üblich, im Laufe eines Abends mehrere Lokale zu besuchen: Bier und gegrilltes Hähnchen regen den Appetit an, bevor man zu einem *bulgogi* übergeht, dem in ein Sesamblatt eingerollten gegrillten Fleisch mit Knoblauch, Sojabohnenpaste und viel *soju*, einem Süßkartoffel-Schnaps. Und erst jetzt – man höre und staune – kommt für die Koreaner der Moment, essen zu gehen, das heißt »Reis zu essen«. Mit Reis, Suppe, *gimchi* und kleinen Speisen oder kalten Nudeln mit Chili geht der Abend weiter. Doch der Morgen ist noch fern. Man könnte nun noch in einer Schankstube ein Glas Reisschnaps *(dong-dong-ju)* trinken und dazu ein paar dünne Pfannkuchen mit Lauch und Austern *(pajeon)* bestellen. Die Nacht endet im Morgengrauen vor einer Schale mit Instant-Nudeln in einem Gartenlokal oder bei einer Suppe mit Knochen und Blut, die hervorragend gegen Kater hilft. Im Land der Morgenstille hallen die Straßen dann oft von dem Gegröle der Betrunkenen auf dem Nachhauseweg wider, die versuchen, beim Hinunterstürzen einer Flasche »Bacchus«, eines Getränks, dessen hohe Dosierung an Koffein, Ginseng und Vitamin C Tote zum Leben erweckt, noch eine gute Figur abzugeben.

담배
한원전기조명
담배
공중전화IC카드
각종

Die Schülerinnen sind gegangen, und die Wirtin des Lokals hat die schweren Türen zum Innenhof mit einer bronzenen Schildkröte verschlossen. Es ist an der Zeit, die Vorbereitungen für die abendlichen Gäste zu treffen, die hier eine scharfe Suppe mit Kutteln, Knochen und geronnenem Blut essen möchten, *haejang guk*, eine Spezialität, die man am Ende einer durchzechten Nacht zu sich nimmt. Die grauen Schatten der Mönche eilen auf die Tore des Tempels Jogye-sa zu, um der Abendandacht beizuwohnen, die Luft duftet nach *ssanghwacha* – Ingwer, Lakritze, Zimt und weißer Pfingstrose –, dem Heißgetränk der Nachtarbeiter. Stille legt sich über den Park. Bald wird das Leben unter den grellen Neonreklamen der Sträßchen hinter dem Posingak-Turm erwachen, wo sich die Jugend drängen wird, um sich zu amüsieren, zu trinken und zu tanzen. Ein Tag im Viertel um den Pagodenpark geht zu Ende.

Im heutigen Korea trifft man kaum noch auf alte, traditionell in Weiß gekleidete Männer wie Park. Trotz der Bemühungen der Designer, dem *hanbok*, dem traditionellen Gewand, einen modischeren und funktionelleren Schnitt zu verpassen, verweigern die jungen Leute die Tracht. Der *hanbok* wird eigentlich nur noch zu Festen wie dem Seollal, dem Neujahrstag, oder Chuseok, dem Herbstmondfest Mitte Oktober, getragen. An diesen Tagen treffen sich die Familien; sie kehren zu ihrem *bongwan*, der Wiege des Klans, zurück, um die Gräber zu besuchen, wo sie den Vorfahren Speisen darbieten und sich vor ihnen verbeugen. Die Frauen legen zu diesem Anlass einen weiten, über der Brust geknoteten Rock *(chima)* an und einen kurzen Bolero *(jeogori)* mit halbmondförmigen Ärmeln, der mit einer langen, seitlich geknoteten Soutache geschlossen wird. Leuchtende, glänzende Farben – Rosa, Gelb, Fuchsienrot –, dicke gesteppte Jacken und knisternde Kleider aus Seide und Damastsatin sorgen auf Bahnsteigen und an Bushaltestellen für einen fröhlichen Anblick. Selbst die Männer, die sich sonst eher dagegen sträuben, tragen die malvenfarbenen

oder bonbonrosa Pluderhosen aus Satin, die an den Knöcheln geschnürt werden, die kleine Weste und die mit Posamenten und Jade- oder Bernsteinknöpfen verzierte Jacke und spazieren mit der Familie durch die Straßen.

Die Weite und der Schnitt des Rockes, seine Farben und die Art, wie er geknotet wurde, gaben früher Aufschluss über die gesellschaftliche Stellung der Trägerin: kräftige Farbkombinationen für die Jugend, gedämpfteres Indigoblau und Apricot für die reiferen Frauen und schließlich die diskrete Opulenz schwerer pflaumen- und kastanienfarbener Seide mit blassrosa Organza für das Alter. Eine ausgesuchte Raffinesse an Pflanzenfarben und Texturen – Leinen, Hanf, Damastsatin, Seide – zeichnen das Gewand aus, das vor allem die Formen der Frauen verhüllen sollte. Und diesen Zweck erfüllte es so gut, dass zwangsläufig die wenigen Stellen weißer Haut, die noch zu sehen waren, als die erotischsten Körperteile empfunden wurden: der Nacken, den man unter dem Haarknoten mit der langen silbernen Haarnadel erahnte; oder die Füße, »so schmal wie Gurkenkerne«, die winzig in den gesteppten, weißen Schühchen unter dem Saum des Rockes zu sehen waren.

Im Korea der Yi-Dynastie (1392–1910) hielt eine neue Ordnung Einzug, und die Frauen, die in der vorkonfuzianischen Zeit große Freiheit genossen – ganz im Gegensatz zu der höfischen Ära unseres Mittelalters – wurden von heute auf morgen zur Verkörperung der Tugend erklärt: Keuschheit, Treue, Zurückhaltung und Gehorsam gegenüber Vater, Ehemann und Sohn waren die Kernbegriffe ihrer Erziehung. Von nun an waren sie *na-in*, wörtlich »Frauen des Inneren«, im Gegensatz zu den *bakkatt yangban*, den »Herren des Draußen«, die sich in der Außenwelt bewegten. Die Wohnstätten wurden streng in *anchae*, die Frauengemächer, und die den Männern vorbehaltenen *sarangchae* unterteilt. Der Wohnsitz bestand somit aus mehreren eng beieinander stehenden Pavillons, die nach außen von einer hohen Mauer abgeschirmt wurden. Um einige

춘향제

축
춘향제
축
춘향제

Die fahrenden Gauklertruppen *(namsadangpae)* spielten einst eine wichtige Rolle bei der Verbreitung und Entwicklung von Ideen, da sie auf ihren Reisen die Neuigkeiten aus der Hauptstadt unter das Volk brachten. Die Akrobaten auf dem gespannten Seil *(oreumsani)* traten vor allem anlässlich der gemeinschaftlichen landwirtschaftlichen Arbeiten in den Dörfern *(dure)* auf. In Zeiten des Internets zeigen die Akrobaten *(gwangdae)*, die oft aus altehrwürdigen Artistenfamilien stammen, immer noch auf Festivals und an den alljährlichen hohen Festtagen ihr Können.

Bilder von dieser verbotenen Welt »auf der anderen Seite« aus der Luft zu erhaschen, perfektionierten die Koreaner die Kunst des Wippens, des *neolttwigi* (»Sehen und gesehen werden«). Beim Dano-Fest, am fünften Tag des fünften Monats (nach dem Mondkalender), das in ländlichen Gegenden noch immer begangen wird, richtet man auch heute noch Wettkämpfe im *neolttwigi* aus, ebenso wie im *ssireum*, einem traditionellen Männerkampfsport, der an den japanischen Sumo-Ringkampf erinnert.

Die tugendhaften, zurückgezogenen Frauen von Joseon kamen nur noch bei Anbruch der Nacht, nach Beginn der Ausgangssperre *(sodeung)* aus dem Haus. Ihren Oberkörper verbargen sie unter einem Geflecht aus Weidenruten oder einem *changot*, einem langen, tief ins Gesicht gezogenen Mantel, der über den Mund gehalten wird. Und so bewegten sie sich, zwischen neun Uhr abends und Sonnenaufgang, als wandelnde Schatten dicht an den Mauern der Stadt entlang. Nachts konnte ihnen nichts passieren, denn nur die Blinden und Eunuchen blieben ungestraft bei einem Verstoß gegen die Ausgangssperre. Ansonsten wurde jeder Verstoß gegen das Gesetz mit achtzig Peitschenhieben bestraft.

Die Koreanerinnen der heutigen Zeit sind emanzipiert und arbeiten in einstigen Männerdomänen, doch hinter dieser modernen und freiheitlichen Fassade verbirgt sich eine ganz andere, diskriminierende Realität. Wenn auch manche Frauen mit überdurchschnittlichem Einsatz Firmenchefs oder leitende Angestellte geworden sind, begnügen sich doch die meisten mit der Ausübung von als ›weiblicher‹ empfundenen Berufen in den Bereichen Erziehung und Gesundheit. Nicht selten sieht man Sekretärinnen, die an renommierten Universitäten ihren Abschluss gemacht haben und nun ihren Vorgesetzten und männlichen Kollegen den Kaffee servieren. Und selbst bei gleicher Tätigkeit erhalten Frauen ein niedrigeres Gehalt als Männer. In einer derart hierarchischen Gesellschaft fällt es einem

Mann schwer, eine weibliche Autorität zu akzeptieren. Die Koreaner rechtfertigen ihre sehr chauvinistische Einstellung mit entwaffnender Treuherzigkeit: Frauen zögen es von sich aus vor, sich zu Hause um die Kinder zu kümmern, und außerdem: Wie könnte man denn sonst abends zum Trinken mit Kollegen ausgehen? Wie sollte man denn in Begleitung einer Frau durch die Rotlichtviertel ziehen?

Doch letzten Endes sind die Mütter schuld an dieser Einstellung: Sie bringen ihren kleinen Prinzen bei, ihren Schwestern Befehle zu erteilen, und ihren Töchtern, dass man sich im Hinblick auf die Wünsche des Bruders zurücknehmen müsse. Ein endloser Teufelskreis, der mit der Geburt der Kinder beginnt.

Ein kleiner Junge wird bei seiner Geburt von einer geflochtenen Girlande aus roten Chilischoten als leuchtendem Symbol seines Geschlechts begrüßt. Diese Girlande wird vor dem Haus angebracht und verbietet den Zutritt – ein alter Brauch zur Bekämpfung der hohen Kindersterblichkeit, nach dem die junge Mutter und ihr Baby zum Schutz vor Krankheiten 21 Tage lang isoliert werden. Mit Pauken und Trompeten wird der kleine Junge bei seinem Eintritt in die Welt begrüßt; man umschmeichelt und umsorgt ihn, schließlich wird er einmal den Namen des Klans weitertragen. Seine Schwester dagegen wird lediglich mit einer Girlande aus Holzkohlen, Piniennadeln und Papier begrüßt. Sie wird auch später nicht im Familienstammbaum, dem *jokbo*, erscheinen, und ihr ganzes Leben lang wird sie, trotz des eigenen Vornamens, stets nach ihrem derzeitigen Status benannt werden: Tochter des Park, Schwester des Kyu-Jin, Mutter des Jin-Tae, des erstgeborenen Sohnes – ein Leben im Schatten der Männer.

Die Traditionen halten sich hartnäckig, und noch heute geht man nicht selten über die Geburt eines Mädchens einfach ohne Bekanntgabe hinweg. Vorgeburtliche Untersuchungen zur Geschlechtsbestimmung sind trotz Verbots und Androhung harter Strafen, bis hin zum Entzug der Lizenz des Arztes,

weiterhin sehr verbreitet. Und jedes Jahr wird – bei sinkenden Geburtenraten – die Diskrepanz zwischen der Anzahl von neugeborenen Jungen und Mädchen offensichtlicher: Der koreanische Verband für Familienplanung rechnet für das Jahr 2010 mit einem Verhältnis von 128 Jungen zu 100 Mädchen.

Und was tun, wenn sich der Kindersegen nicht einstellt? Adoptionen sind unüblich und verpönt, da dies der Idee des Klans als Ursprung der Gesellschaft widerspricht. Jeder Koreaner sieht seinen Platz in der Kontinuität der Familiengeschichte, als Akteur, indem er die Ahnen verehrt, und als späterer Ahn, indem er ein Kind in die Welt setzt, mit dem sein Name und sein Blut fortbestehen. Mit der Geburt eines Jungen sichert sich die junge Ehefrau den Respekt der Familie ihres Mannes. Mit dem ihnen eigenen Sinn für die Anpassung an die Modernität haben die Koreaner die künstliche Befruchtung als die ideale Lösung entdeckt, falls geheime Tränke, Aufgüsse, schamanische Zeremonien und Opfergaben an Buddha oder den Berggott nicht helfen. Doch auch dafür müssen Gesetze umgangen und ein Onkel, Bruder oder Cousin als Spender gefunden werden, um der Schmach der Unfruchtbarkeit zu entgehen, die früher mit dem Tod bestraft wurde.

Unter der Yi-Dynastie gab es sieben Sünden, bei denen es dem allmächtigen Gatten gestattet war, seine Frau zu verstoßen: Ehebruch, Eifersucht, Ungehorsam gegenüber den Schwiegereltern, Verleumdung, Diebstahl, Unfruchtbarkeit und die Unfähigkeit, einen männlichen Nachkommen zu gebären. An Lösungen für die letztgenannten Probleme fehlte es jedoch nicht – und jene stellen immer noch einen unerschöpflichen Ideenfundus für Schriftsteller und Regisseure dar. Gemäß der Tradition des *ssibaji* konnte der Ehemann eine Konkubine erwählen, um das Kind auszutragen; im weitaus schwerer zu beweisenden Fall der Unfruchtbarkeit des Mannes ermöglichte der Brauch des *ssinaeri* die Rettung der Klanehre: Ein unbekannter Reisender wurde in das Haus gelockt, wo er einige Zeit mit der Haus-

herrin verbrachte, die neun Monate später das Kind dieser Begegnung auf die Welt brachte. Oft verschwand der Reisende unter mysteriösen Umständen, und die Frau beging nach dem Abstillen des Kindes den *janyeomok*, den ehrenhaften Selbstmord, durch Erhängen an einem Baum, um die befleckte Ehre reinzuwaschen.

Dennoch entsprechen die koreanischen *na-in*, die Hausfrauen, nicht dem Stereotyp der unterwürfigen asiatischen Frau. Vielmehr lenken sie ihren Haushalt mit starkem Willen und eiserner Hand. Im heutigen Korea übergeben die meisten Männer am Monatsende ihren Frauen das Gehalt, und diese kümmern sich allein um die Haushaltsfinanzen – ein Überbleibsel aus jener Zeit, als die Beamten des Königreiches in die Hauptstadt reisten und ihren Frauen die Verwaltung ihres Besitzes überließen. Die große Anzahl an Investment-Clubs an der Börse oder an Leibrentengesellschaften, die Frauen vorbehalten sind, zeugen von der Aktualität dieser Tradition. Die Frau teilt also ihrem Mann aus dessen Einkünften Geld für seine täglichen Bedürfnisse zu, ja selbst für seine nächtlichen Ausgänge, Abende, an denen er mit Kollegen etwas trinken geht oder die er in weiblicher Gesellschaft verbringt – für Menschen aus dem Westen unvorstellbar.

Man muss wissen, dass eine koreanische Ehe, dem Wandel der Zeit zum Trotz, nach wie vor auf der Grundlage einer Interessengemeinschaft geschlossen wird, die zum Ziel hat, für Nachkommenschaft zu sorgen und den Fortbestand des Klans zu gewährleisten. Im 21. Jahrhundert werden weniger Hochzeiten als früher mit Hilfe einer *jungmae* geschlossen, einer professionellen Ehestifterin, aber dennoch sind die Verbindungen bei weitem kein Produkt des Zufalls.

Die Jugend wehrt sich heftig gegen die von der Familie arrangierten Verbindungen und die Treffen, die von einer Kupplerin zwischen zwei Kandidaten nach Katalog organisiert werden. Aber nichtsdestotrotz bleibt sie der jahrhundertealten Tradition treu – nur die Akteure haben sich geändert: Nicht mehr

eine Tante oder eine Freundin der Eltern übernimmt die Rolle der *jungmae*, sondern Freundinnen an der Universität oder das Internet. Das Geschäft ist auch unter jungen Leuten eine klare Sache: Man spricht nicht von Liebe, sondern von Finanzen, familiärem Hintergrund und Erbkrankheiten.

Wenn erst einmal die entscheidende Wahl getroffen ist, geht alles den seit Jahrhunderten gewohnten Gang: Die Familien überprüfen, ob der familiäre Hintergrund *(gamun)* zu dem des erwählten Partners passt und ob keine uralte Blutsverwandtschaft zwischen den Familien besteht. Das Gesetz ist in diesem Fall unerbittlich, selbst wenn es sich um weit entfernte Zweige des ursprünglichen Klans handelt. In Korea gibt es in der Tat nur 275 Familiennamen – allein 21,5 Prozent der Koreaner heißen Kim, 14,8 Prozent Yi und 8,5 Prozent Park (Pak). Als nächstes ist es üblich, ein *gunghap* erstellen zu lassen, das heißt zu einer *jeomjaengi*, einer Wahrsagerin, zu gehen, um anhand der Lebensdaten zu überprüfen, ob das Paar sich gut verstehen wird, und eine Vorhersage einzuholen, ob es auch in sexueller Hinsicht harmonieren wird *(sok gunghap)*.

Nun gilt es, die finanziellen Belange zu regeln: Die Mitgiften sind heute nicht weniger üppig als einst, doch sie wurden ›modernisiert‹ und bestehen aus einer Reihe finanzieller Transaktionen, um dem Paar einen komfortablen Start im eigenen Heim zu ermöglichen. Die Familie des Bräutigams finanziert den Wohnsitz, während die der Braut die Kosten für die gesamte Einrichtung und die Alltagsgegenstände übernimmt. Außerdem kümmert sich die Familie des Bräutigams um die Zeremonie und die Hochzeitsreise.

LINKS OBEN
Zum Fest seines ersten Geburtstages *(dol)* thront das Baby hinter einem Tisch, der üppig mit Kuchen, Früchten und Geschenken beladen ist. Der Gegenstand, den es zuerst in die Hand nimmt, wird zum Symbol für sein Schicksal: Der Stift bedeutet, dass das Kind Lehrer wird, ein Geldschein steht für Reichtum.

Nachdem die Verbindung nach alter Sitte – und mit dem Taschenrechner in der Hand – vorbereitet worden ist, darf endlich gefeiert werden, und zwar in einer eigens für diesen Anlass gemieteten *wedding hall*, einer Hochzeitshalle: Für eine astronomische Summe erhält man das Komplettprogramm, zu dem sowohl eine westliche Zeremonie mit dem unabdingbaren Hochzeitsmarsch und weißem Kleid gehört als auch eine traditionelle Zeremonie in koreanischer Kleidung mit dem Austausch von Ehrerbietungen und Erinnerungsfotos, aufgenommen in einem Palast der Hauptstadt. Den krönenden Abschluss bildet der obligatorische *honey moon*, den man, manchmal in Begleitung von Dutzenden anderer Hochzeitspaare, an einem Traumziel verbringt: die Mittelschicht auf der Insel Jeju, betuchtere Kreise auf Bali, in Singapur, Paris oder Wien. Jetzt haben die Frischvermählten endlich Zeit, sich wirklich kennen zu lernen, bevor der Ehealltag beginnt.

Ihre Heiratspolitik sei die beste, erklären die Koreaner mit einer gewissen Überheblichkeit. Das Geheimnis der Dauerhaftigkeit ihrer Ehen liegt vielleicht in dem Unterschied, den die koreanische Sprache zwischen zwei Begriffen macht: zwischen *jeong*, dem Gefühl der Zuneigung, Zärtlichkeit und des Respekts, auf dem die Heirat aufbaut und das wir bei uns eher im Umgang eines alten Ehepaares sehen, und dem Begriff *sarang* oder *yeonae*, der leidenschaftlichen Liebe »nach westlicher Art«, die den außerehelichen Beziehungen vorbehalten ist.

Die Frauen gehen pragmatisch über die nächtlichen Eskapaden ihrer Gatten hinweg, solange sie sich diskret verhalten. Mit diesem Arrangement können sie leben, zumal es leichter fällt, mit einem Mann, den man sich nicht wirklich selbst ausgesucht hat, in harmonischer Weise den Alltag zu meistern als das Bett zu teilen.

Doch dieses Familiensystem beginnt zu bröckeln. Während einst drei Generationen in Harmonie unter einem Dach zusammenwohnten, wirken sich die Enge der modernen Apartments und der Wandel der Sitten auf die familiäre Einheit aus. Die

조선

Eine koreanische Hochzeit folgt einem straffen Zeitplan. Die Braut kommt um zehn Uhr in der *wedding hall* an und verlässt diese gegen 13 Uhr wieder – erschöpft, um rund 10 000 Euro ärmer und mit einer Videokassette unter dem Arm. Die Hochzeitsindustrie überlässt nichts dem Zufall, selbst ›Gäste‹ können als Statisten gemietet werden. Kaum angekommen, wird die junge Frau von Einkleidern und Maskenbildnern für die endlosen Fotoaufnahmen in Beschlag genommen. In einem anderen Raum empfängt ihr Bräutigam die Gäste. Nach Abschluss der ersten Fotoreihe beginnt mit unvermindertem Tempo unter den Klängen des Hochzeitsmarsches von Mendelssohn die Zeremonie. Die junge Frau hat dann nur einige Minuten, um das traditionelle Gewand für die koreanische Hochzeit anzulegen. Während die Gäste sich über das Festessen hermachen, vollzieht das junge Paar die Ehrerbietungen vor den Eltern. Die junge Braut kann sich dann noch schnell wieder Straßenkleidung anziehen und von den Gästen verabschieden, mit denen sie nicht ein Wort gewechselt hat. Doch zumindest kann sie sich ihr ganzes Leben lang diesen Marathon als Videofilm ansehen.

Traditionen haben sich überlebt, irritieren und entsprechen weder dem Leben der Jungen noch dem der Älteren, denen ihre Unabhängigkeit nicht weniger wichtig ist. Warum sollte man mit 23 Jahren einwilligen, in das Haus der Schwiegereltern zu ziehen, nur weil man den ältesten Sohn dieser Familie heiratet? In einer Gesellschaft, die Altenheime als Barbarei empfindet und noch über kein zuverlässiges Rentensystem verfügt, haben gemäß der konfuzianischen Tradition die Kinder die Pflicht, ihren Eltern die Wohltaten zurückzugeben, die sie von ihnen als Kinder empfangen haben.

Die Heiratskandidatinnen sträuben sich, einen Erstgeborenen zu heiraten – sie fürchten nicht nur das enge Zusammenleben mit dessen Familie, sondern auch die finanziellen Verpflichtungen ihr gegenüber, die Instandhaltung der Grabstätten und die Pflege der Riten – Aufgaben, die dem jungen Paar als neuem Pfeiler des Klans zufallen.

Während sich die Generation, die noch mit der strikten konfuzianischen Morallehre der 1960er Jahre aufgewachsen ist, der althergebrachten Gesellschaftsordnung weiterhin fügt, ist die Jugend nicht mehr bereit, sich dem ungeschriebenen Ehevertrag unterzuordnen. Ganz allmählich setzt sich der Begriff der Liebesheirat durch und mit ihm die Hoffnung auf ein echtes Treueverhältnis.

Die »kleinen Frauen«, die Frauen des Schattens und des Abends – ein Überbleibsel aus der Zeit, da die Männer mehrere Konkubinen hatten –, existieren immer noch. In Seoul weisen Schilder mit einer Schale, aus der als Symbol für heißes Wasser drei glühende Dampfsäulen aufsteigen, den Weg zu den *yeogwan*, den unzähligen kleinen Hotels, in denen sich erschöpfte *salarymen* zu jeder Tages- und Nachtzeit ausruhen, aber sich auch in aller Ungestörtheit außerehelichen Liebschaften hingeben können.

Diese Tradition ist in der doppelten Moral der konfuzianischen Gesellschaft verwurzelt. Die Ehefrauen lebten pflichtbewusst nach dem *Samgang haengsildo*, den drei Prinzipien eines tugendhaften Lebenswandels: Treue gegenüber der Krone, Kin-

desliebe und Keuschheit. Doch während sie hinter den hohen Mauern ihrer Frauengemächer eingesperrt waren und sich in ihrer Freizeit der Stickkunst oder Malerei widmeten, erhielten paradoxerweise manche Frauen aus dem Volk Zugang zu einer außergewöhnlichen Bildung. Die Rede ist von den *gisaeng*, Kurtisanen, die aufgrund ihrer Schönheit und ihres klaren Verstands in den Genuss von Privilegien kamen, von denen ihre vornehmen Schwestern nur träumen konnten. Sie durften öffentlichen Veranstaltungen beiwohnen, sich in Männerkreisen aufhalten und sich ohne jede Einschränkung frei bewegen. Die *gisaeng* war eine emanzipierte »Nicht-Frau«, ein Alter Ego des Mannes. Die berühmtesten Schulen der *gisaeng* befanden sich in Pyongyang. Im Alter von 13 Jahren begannen die zukünftigen Kurtisanen dort die Kunst des Unterhaltens zu erlernen. Sie erhielten Unterricht in Gesang, Tanz, Dichtung, aber auch in Mathematik, Chinesisch und Medizin, Bereichen, die dem männlichen Geschlecht vorbehalten waren. Durch ihren Kontakt mit der Männerwelt hatten viele *gisaeng* politischen Einfluss. Die berühmteste Kurtisane war Hwang Jini – »Heller Mond« –, die im 16. Jahrhundert lebte und aus Gaeseong stammte. Sie wurde aufgrund ihres Talents und Esprits zu einer Figur des politischen Lebens und zu einer angesehenen Dichterin.

Die Tradition der *gisaeng* verliert zwar seit dem Ende der japanischen Besatzung an Bedeutung, doch verschwunden ist sie nicht. Die koreanischen Kurtisanen sind weniger exotisch und von der Presse umworben als die japanischen Geishas, doch in intellektuellen und einflussreichen Kreisen der Gesellschaft sind sie ebenso präsent. Die modernen *gisaeng* wurden nicht an einer speziellen Schule ausgebildet, sondern sie haben an einer Hochschule studiert, vielleicht sogar promoviert, und sie sprechen Englisch oder Französisch. Die seltenen echten Etablissements der *gisaeng* sichern sich mit absoluter Verschwiegenheit ihren exklusiven Kundenstamm, zu dem einflussreiche Männer des politischen und

»Diese lange Dezembernacht
hat ein Gewisses
ihrer Lenden verborgen

Unter einer Brise
Frühlingswind
als leichte Decke

Die zieh' ich dann geschwind
in der Nacht, da mein Liebster kommt
Stück für Stück
zurück.«

Hwang Jini (16. Jahrhundert)

geistigen Lebens gehören. Mit dem Ende ihrer Karriere verlieren die Kurtisanen auch die Achtung in der Gesellschaft, und so bleiben nur wenige in Korea, wo sie den Erniedrigungen durch die Nachbarn ausgesetzt wären. Wenn ein Baby aus einer Verbindung hervorgeht – nicht selten sind es echte Liebesgeschichten –, dann bleibt der Kurtisane nur die Emigration in die USA, um dort ein neues Leben zu beginnen und die Ehre ihres Kindes zu retten, das in der koreanischen Gesellschaft aufgrund der illegitimen Herkunft keinerlei Chancen hätte.

Im Laufe der Jahrhunderte hat sich die Situation ins Gegenteil verkehrt: Heute sind es die *gisaeng*, die freien und geistreichen Frauen von einst, die auf die Dunkelheit warten, um ungesehen in ein Taxi oder eine Limousine zu steigen und zu einem nur ihnen bekannten Ort zu fahren. Die tugendhaften Frauen von heute zeigen sich, flanieren in den Straßen oder legen mit einem gewissen Trotz einen freizügigen Lebensstil an den Tag.

Flüchtige Eindrücke während eines nächtlichen Spaziergangs: traditionelle Häuser, abgeschirmt von hohen Ziegelmauern, ein Gässchen. Plötzlich, für einen Moment, der kaum länger dauert als der Flügelschlag eines aufgeschreckten Fasans, nimmt man Gelächter und die Silhouetten tanzender Frauen hinter den mit Papier bespannten Türen wahr. Auf der Schwelle stehen Männer- und Frauenschuhe sorgfältig aufgereiht. Etwas weiter entfernt warten schwarze Autos am Straßenrand. Die Chauffeure stehen mit hochgekrempelten Hosen auf dem Gehsteig und rauchen, oder ihre Köpfe sind im Schlaf nach hinten auf die Schonbezüge aus jungfräulich weißen Spitzen gesunken ... Es wird noch eine lange Nacht. Ein sorgsam gehütetes Geheimnis, von dem nur die Privilegierten im Reich der Morgenstille wissen.

Das Land der Schamanenkönige

In Bundang im südlichen Stadtrandgebiet von Seoul tauchen um fünf Uhr morgens die goldenen Strahlen der Sonne die seltsame Landschaft aus Hunderten *danji*, identischen Häusertürmen, in einen Hof aus flüssigem Licht. Die leuchtenden goldgelben Tupfen der Forsythiensträucher heitern die Kinderspielplätze auf, die zwischen den gigantischen Türmen mit ihren 15, 20 oder 25 Stockwerken verschwindend klein wirken. Bundang ist eine Stadt, die man in einer entlegenen Gegend innerhalb weniger Jahre aus dem Boden gestampft hat, um für Hunderttausende Bewohner der Hauptstadt Wohnraum mit allem modernen Komfort zu schaffen. Die wogenden grünen Reisfelder wurden von der unaufhaltsamen Urbanisierung, *sin gaebel*, an eine weiter entfernte Peripherie verdrängt.

Jeden Morgen ist die Autobahn von Gyeongbu schwarz von Autos; etwas später ergießt sich der Strom in die Straßen der Hauptstadt. Abends kehren die Bewohner von Bundang dann nach ein bis zwei Stunden Fahrt in eine Schlafstadt zurück, die man außerhalb der Arbeitszeit nicht mehr zu verlassen braucht. Die Koreaner lieben die Modernität. Wer möchte schon heutzutage noch in den altmodischen traditionellen Häusern, den *hanok*, wohnen und nachts alle fünf Stunden aufstehen, um Kohlebriketts für den Ofen des *ondol* (eine alte Bodenheizanlage mit Rohren für heißes Wasser oder Gas) nachzulegen? In Bundang gibt es alles: moderne, praktische Apartments mit Zentralheizung und Badezimmer, *health centers* und Saunas – viel schicker als die früheren öffentlichen Badeanstalten –, gut sortierte Supermärkte mit einheimischen und importierten Produkten, Schulen, Sport- und Spielplätze, Restaurants, Kinos.

Die Sonne geht langsam unter, und ihre letzten Strahlen streifen die Dächer der Gebäude. Nach und nach geht hinter den Fenstern das Licht an, und die von jungen Bäumen gesäumten Straßen füllen sich mit Leben – mit Familien, Kindern. Ein junges Mädchen mit dem Handy am Ohr läuft mit schnellen Schritten vorüber: Es ist hübsch, sorgfältig

geschminkt und trägt eine Jeans mit Schlag und ein enges T-Shirt. Schnell biegt es in eine der kleinen Straßen ein, die die großen Gebäudekomplexe im Schatten der Türme entstehen ließen – in ein Labyrinth aus Läden, Restaurants und internationalen Franchise-Unternehmen. Schließlich betritt es die Eingangshalle eines malvenfarbenen Gebäudes mit zwölf Stockwerken, um die jeweils ein Außengang verläuft, von dem aus man in die Apartments gelangt.

Es wird Nacht. Ein Gong ertönt, Glöckchen und Zimbeln erklingen. Der synkopierte Rhythmus wird schneller und schneller, geht in ein dumpfes Grollen über, um dann wieder anzuschwellen. Vier gut gekleidete Frauen um die fünfzig steigen aus einem Auto und verschwinden ihrerseits im Treppenhaus des Gebäudes. Der Wachmann in dunkler Uniform grüßt sie respektvoll. Für einen Moment wird die Musik lauter, als die Tür zu einer Wohnung geöffnet wird. Im zweiten Stock des Blocks 8, Apartment 353, findet ein *gut* statt, eine schamanische Zeremonie, die die Familie von Sim Hui-Ja, 49 Jahre alt und Mutter von drei Kindern, in Auftrag gegeben hat.

Seit sechs Monaten geht für diese Familie, die ursprünglich aus der Provinz Jeolla-do kommt, alles schief. Der Vater hat nach einem Arbeitsunfall seine

Zu den *gut*, den schamanischen Zeremonien der einstigen koreanischen Königreiche, kamen ganze Gemeinden zusammen, die den Schamanen baten, die Riten zu Ehren des Himmels auszuführen. Heute sucht eine Familie oder ein Dorf den Kontakt zu den Ahnen. Es existieren Hunderte verschiedener *gut*, deren Kosten variieren. Doch selbst wenn die Geister bedrohlich und habgierig Unsummen fordern, so richtet der Schamane seine Preise immer nach der finanziellen Situation seiner Kunden. In Korea nutzt man das Unglück einer Familie nicht aus, und Schamanen bereichern sich nicht auf Kosten ihrer Kunden. Das verdiente Geld wird meist dazu verwendet, die Kosten der Zeremonie zu decken und die Heiligtümer *(gut-dang)* zu unterhalten und zu verschönern.

Stelle verloren, und die Mutter, die in den unterirdischen Einkaufsstraßen von Gangnam, südlich des Flusses Han, ein Geschäft hat, weiß nicht mehr, wie die Familie finanziell über die Runden kommen soll. Ihrem strahlend neuen Friseursalon mit Infrarot-Trockenhauben fehlt es an Kunden. Sie macht sich Sorgen wegen ihres ältesten Sohns, der zwei Jahre nach der Hochzeit immer noch kinderlos ist, und wegen der Aufnahmeprüfungen ihrer Tochter – das Mädchen mit dem Handy – an der Universität. Und schließlich sorgt sie sich noch um den Jüngsten, der wahrscheinlich an einer Myopathie leidet, einer Krankheit, die ihm die Muskeln zerfrisst. Aber woher kommt diese Krankheit, die doch von den Frauen vererbt wird? In ihrer Familie ist niemand daran erkrankt. Sim Hui-Ja steht vor einem Berg von Problemen, in die nur die Schamanin Frau Kim, die *mudang*, die mit den Geistern kommuniziert, Ordnung bringen kann.

Die *mudang* sitzt reglos da. Die bunten Bänder fallen wie Regen über ihr Gesicht, auf welchem sich Schweißperlen bilden. Die erste Phase des *gut*, in der sie mit Hilfe der Musik mit den Ahnen der geladenen Familie in Kontakt getreten ist, neigt sich dem Ende zu. Die Zeremonie hat bereits vor mehreren Stunden begonnen. Die *mudang* hat die Luft mit ihren scharfen Messern durchschnitten, um herumirrende Geister zu vertreiben, dann folgen Riten, Tänze, Opfergaben, Gesänge und Orakel. Die Schamanin hat ihre Macht über das Feuer unter Beweis gestellt, indem sie fünf Zigaretten mit dem Filter nach außen auf einmal rauchte. Jetzt ist der Geist da. Er spricht. Die Frau in Trance spricht mit einer tiefen, rauen Stimme, die so gar nicht zu den schmalen Lippen passt.

Ein seltsamer Dialog beginnt zwischen den mit Nachdruck angesprochenen Familienmitgliedern und den Ahnen des Klans, die durch den Mund der *mudang* zu ihnen sprechen. Es kommt zu erstaunlichen, lebhaften und schroffen Wortwechseln. Das Geschehen wirkt nicht mystisch, keinerlei Angst oder Furcht liegt in der Luft – hier wird schlicht und

einfach eine Unterhaltung mit dem Geist des Ururgroßvaters geführt. Frau Sim kniet mit Tränen in den Augen auf dem Boden. Vor den anderen, dem jungen Mädchen mit dem Handy, den vier Frauen aus dem Auto, rechtfertigt sie sich, wischt sich mit dem Ärmelaufschlag die Tränen aus dem Gesicht. Natürlich, sie weiß genau, dass ihre Schwiegermutter nur kurz nach dem Unfall ihres Mannes gestorben ist und sie sich nicht die Zeit nahmen, um über den besten Ort für ihre Grabstätte nachzudenken. Denn die Tradition will es, dass jeder bei den Mitgliedern seines Klans die letzte Ruhe finden soll. Die Schwiegermutter war der Einfachheit halber neben ihrem Mann begraben worden – aber was hätte man auch tun sollen, stammte sie doch ursprünglich aus Hwaseong in Nordkorea? Die Stimmung heizt sich auf. Eine der vier Frauen steht empört auf. Es ist Frau Sims Schwägerin, die Tochter der Verstorbenen. Sie beschuldigt Frau Sim, dass sie nur Geld habe sparen wollen, um ihren Friseursalon zu renovieren. Vorwürfe und Groll entladen sich.

Die Zeremonie dauert an und die Diskussionen auch. Spät in der Nacht, nachdem die *mudang* umherirrende Geister vertrieben hat, indem sie über den Köpfen der Anwesenden mit brennenden Papierbündeln wedelte, verlassen die fünf Frauen und das junge Mädchen das Gebäude. Sie sind besänftigt und gehen zitternd auseinander, die Augen gerötet vom vielen Weinen und mit zugeschnürter Kehle von all der Wut, die sie aus ihrem tiefsten Inneren hervorgeholt haben. Frau Sim und ihre Schwägerinnen haben versprochen, im *jokbo*,

Anlässlich dieses *gut*, einer schamanischen Zeremonie, mit der man sich das Wohlwollen des Berggottes sichern möchte, demonstriert die Schamanin ihre Macht über das Metall, indem sie auf einer messerscharfen Futterschneide tanzt, die auf ein Wasserfass gelegt wurde. Während des *chaktu geori*, des »Rituals der Himmelsgeneräle«, schaukeln sich die unzufriedenen und habgierigen Geister gegenseitig zu endlosen Erpressungen auf und fordern immer noch mehr Geld zur Besänftigung ihres Zorns.

dem Stammbaum, nachzuforschen, um vielleicht Cousins zu finden, die bei der Teilung im Juli 1953 ebenfalls in den Süden gekommen sind.

Tausende andere Koreaner leiden wie sie an der Teilung des Landes. Für ein Volk, das sich so mit seinem Land und den familiären Wurzeln verbunden fühlt, ist diese Spaltung, die den Ahnenkult unmöglich macht, unerträglich.

Frau Sim hat auch versprochen, einen Geomantikexperten zu Rate zu ziehen, der die ideale Ruhestätte für ihre Schwiegermutter finden soll. Sie hofft, dadurch den Groll des Geistes zu besänftigen, der für das Unglück ihrer Familie verantwortlich ist. Sie seufzt und gelobt – als gute Buddhistin –, in den Tempel zu gehen und Buddha für die Gesundheit ihres jüngsten Sohnes ein Opfer darzubringen. Das junge Mädchen mit dem Handy versichert ihr mit müdem Blick, dass sie in der Kirche des Viertels für den kranken Bruder beten werde. Die vier Frauen, ebenfalls katholisch, stimmen dem zu, bevor sie in der Nacht verschwinden, wo sie von der seltsamen Geisterstadt verschluckt werden, deren Tausende beleuchteter Fenster in der Dunkelheit funkeln.

Eine Familie, vier Religionen. In Korea, wo die Hauptreligionen Buddhismus, Christentum, Schamanismus und Konfuzianismus friedlich koexistieren, ist das keine Seltenheit. Die Götterwelten vermischen sich: Der Berggott *(sansin)* erscheint an der Seite Buddhas, der wiederum in einem Raum thront, in dem im Auftrag einer christlichen Familie, die ihren Alltag nach konfuzianischen Regeln lebt, eine schamanische *gut*-Zeremonie durchgeführt wird – Synkretismus in seiner äußerten Form. Die Einheit Koreas, des Landes der Geister, entsteht aus dem starken Gefühl einer koreanischen Identität heraus und beruht nicht auf einer bestimmten Religionszugehörigkeit. Im Laufe eines Lebens kann jeder mit tiefster Überzeugung erst Buddhist, dann Katholik sein, sich anschließend protestantisch taufen lassen, bevor er schließlich seine eigene Sekte gründet. Die Religionen schließen sich nicht gegenseitig aus, sondern ergänzen sich und harmonieren miteinander.

Im heutigen Korea, dessen Leben deutlich von der Lehre des Konfuzianismus bestimmt ist, welche den Mann und seine Nachkommen privilegiert, scheint der Schamanismus Frauensache zu sein. Die Ratsuchenden sind meist weiblich, und auch die Schamanen sind größtenteils Frauen, so genannte *mansin* (tausend Geister) oder *mudang*. *Baksu*, männliche Schamanen, sind seltener, und wenn sie die oft männlichen Götter und Geister durch sich sprechen lassen, verkleiden sie sich als Frauen. Rückblickend lässt sich feststellen, dass der koreanische Schamanismus gerade aufgrund der fortschreitenden Feminisierung im Laufe der Jahrhunderte so überraschend lange überlebt hat. Der Schamanismus glich das Übergewicht männlicher Macht in der Gesellschaft aus, denn durch ihn wurden die Frauen gleichermaßen zu Garanten der im konfuzianischen Denken so wichtigen Einheit des Klans: Durch den Mund der Schamanin spricht ein Ahn zu seinen Nachfahren, und während des Dialogs ordnet er die angesprochenen Probleme in den Lauf der Familiengeschichte ein und verleiht ihnen damit Legitimität. Fragen werden ausgesprochen, man lässt Wut und Vorwürfen freien Lauf, aufgestaute Spannungen entladen sich und machen eine Wiederaufnahme des Dialogs in entzweiten Familien möglich – das entspricht ganz den Mechanismen psychoanalytischer Gruppentherapien. Die wichtigste Aufgabe des Schamanismus ist es, bei einer Zeremonie *(gut)* eine Kontinuität, eine Verbindung zu den Geistern und Ahnen, herzustellen. Inzwischen ist der Schamanismus zu einem wahren sozialen Regulator geworden, mit dessen Hilfe es gelingt, das Aufeinanderprallen von alter und moderner Welt (Emanzipierung der Jugend, Individualisierung der Gesellschaft) abzufedern, indem man die aktuellen Ereignisse in den Lauf der Geschichte einbindet.

Die schamanische Tradition reicht bis zu den frühesten Besiedelungswellen auf der Halbinsel zurück. In der Jungsteinzeit (10 000 v. Chr.) begannen Nomadenstämme aus einem weiten Gebiet, das den Ural, den Baikalsee und die Mongolei ein-

Früher begruben die Koreaner ihre Toten in den Bergen an Orten, die mit Hilfe eines Geomanten sorgfältig bestimmt wurden. Die alten Gräber sind in der Landschaft deutlich zu erkennen: durch kleine, an einem Hang gelegene Lichtungen, auf denen ein oder mehrere grasbewachsene Hügel von einer Grabstele gekennzeichnet werden – und von zwei Säulen, den *manjuseok*, die letzte Materialisation vor dem Eintritt in die Welt der Seelen. Inzwischen mussten die Koreaner sich mit einer Tatsache abfinden, die vor zehn Jahren noch undenkbar gewesen wäre – der Beerdigung auf einem öffentlichen Friedhof. Die schnell voranschreitende Urbanisierung, die Gesetze zum Schutz der Natur und der Grundstücksmangel machen es unmöglich, dass sich jedermann wie früher seine eigene Grabstätte sucht. Die kostspieligen konfuzianischen Bestattungszeremonien werden im modernen Korea immer seltener.

Die traditionelle Trauerfarbe Weiß wird durch westlichen Einfluss langsam von Schwarz verdrängt, und statt des Reisweins als Opfergabe finden sich immer häufiger Chrysanthemen auf den Gräbern. Der riesige Yongmiri-Friedhof bei Seoul beherbergt Tausende Gräber. An den großen Festtagen von Hansik und Chuseok kommen die koreanischen Familien, um den Ahnen ihre Ehrerbietung zu erweisen und die Grabhügel in Ordnung zu bringen. Es herrscht dabei keine betrübte Stimmung, denn für die Koreaner bedeutet der Tod die Rückkehr zum Ursprung und zum ewigen Leben. Leben und Tod bilden einen nie endenden Kreislauf, der nichts Beängstigendes hat. Auf den Friedhöfen geht es deshalb erstaunlich heiter zu: Familienbesuche, spielende Kinder, und ab und zu ertönt das theatralische Geheul einer alten Frau: *aiguuuuuu* …

Die Wahrheitsprüfung bei einem *gut* soll helfen herauszufinden, ob die Götter die Opfer angenommen haben. Für den *twaeji sasil*, die Schweineprüfung, wird ein ganzes totes Schwein so auf einen im Boden steckenden Dreizack gespießt, dass es das Gleichgewicht hält.

schloss, in Richtung Mandschurei und Wladiwostok zu ziehen, um sich schließlich in Korea niederzulassen. Eine der Legenden um die Entstehung der Welt erzählt von der 9000 Jahre zurückliegenden Begegnung der mythischen Gestalten Na-Ban und A-Man (analog zu Adam und Eva) an einem Ort, der sich laut Quellen an den Ufern des Baikalsees oder des Jeonji-Sees an der Grenze zwischen Nordkorea und China befunden haben muss.

Es fehlt nicht an archäologischen Analogien: zwischen den sibirischen *kurgan* und den koreanischen Hügelgräbern oder zwischen den primitiven Goldschmiedearbeiten Koreas und den skythisch-sibirischen Broschen und Gürtelschnallen, die Tiger und Pferde darstellen. Der bis heute deutlichste Ausdruck der geschichtlichen Verknüpfungen zwischen Korea, Sibirien und der Mongolei aber ist die Sprache. Das Koreanische ist eine agglutinierende Sprache, die nichts mit dem Chinesischen – einer Tonsprache – gemein hat, sondern ebenso wie Türkisch oder Finnisch zur ural-altaischen Sprachfamilie gehört.

Zwischen den Hügelgräbern von Geumseong (heute Gyeongju), der Hauptstadt des Königreiches Silla, tauchen wir ein in das Reich der einstigen Schamanenkönige – in die Welt des ursprünglichen Schamanismus, in der die Stammesführer Mittler zwischen Himmel und Erde waren. Die Dutzende von Hügelgräbern von Daeneung-won und Noseo bergen in den Tiefen ihrer Grabkammern die Machtattribute dieser mit übernatürlichen Kräften ausgestatteten Monarchen und Priester: mehrstöckige Goldkronen, die die Abfolge der kosmogonischen Welten symbolisieren und geschmückt sind mit durchbrochenen Flügeln, die an das Geweih der Hirsche, der himmlischen Boten, erinnern, und Gehängen aus gehämmertem Gold oder Edelsteinen, die Fische, Ranken oder Birkenblätter darstellen. Derartige Ornamente findet man auf skythischen Diademen in Novotscherkassk wieder oder an den Hauben, die noch heute von den Schamanen in Burjatien an den Ufern des Baikalsees getragen werden.

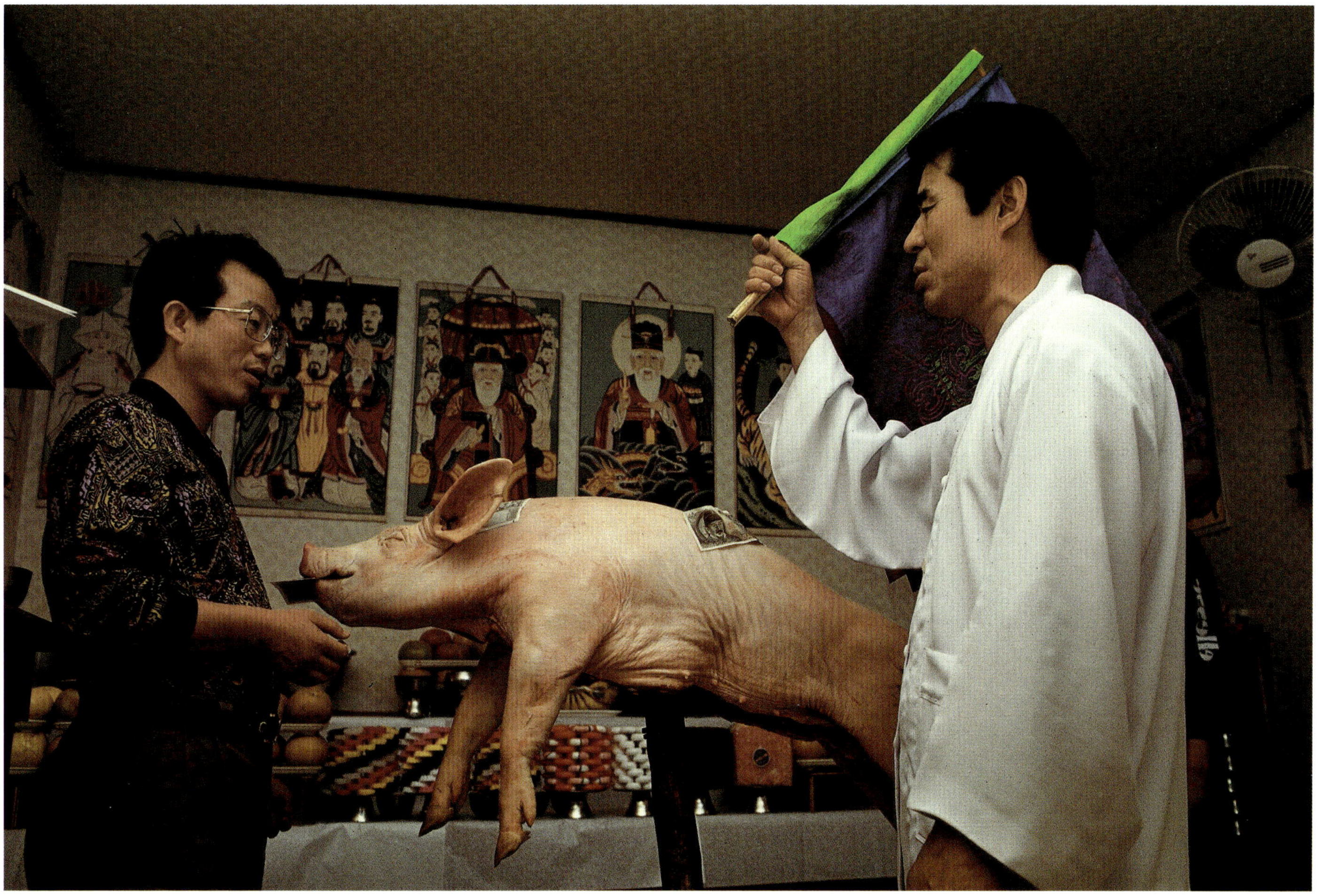

Der Einfluss der schamanischen Riten, der bis zum Ende der Epoche der Drei Königreiche (668) beherrschend war, nimmt mit dem Untergang von Groß-Silla (918) ab. Im Goryeo-Reich (918–1392) kehrt man mit der Erhebung des Buddhismus zur Staatsreligion schließlich dem Schamanismus den Rücken. Ab dem 14. Jahrhundert wird seine Ausübung verfolgt, denn die konfuzianische Elite der Yi-Dynastie sieht im Schamanismus den gebündelten Aberglauben des Volkes. Im 19. Jahrhundert sorgen die *gut*, die Königin Min im Palast Gyeongbok für ihren Sohn, den späteren König Sunjong, organisieren ließ, für viel Gerede. Gongs, Glöckchen und Zimbeln erklingen in den königlichen Gärten, sehr zum Missfallen der Beamten des Hofes, die nichts unversucht lassen, um die störende Vertraute der Königin, die *mudang* Jillyeonggun, loszuwerden.

Unter der japanischen Besatzung war Schamanismus ebenso verboten wie zur Zeit des Wiederaufbaus des Landes unter Park Chung-Hee (1963–1979), in der er als reine Folklore dargestellt wurde. Im 21. Jahrhundert jedoch hat er seine authentische Aufgabe in der Gesellschaft wiedergefunden – und diese hat nichts mit den Theateraufführungen für Touristen gemein. Im Herzen von Seoul, Busan oder Daegu, in Hochhausvierteln aus Glas und Marmor, die eher an Manhattan denn an die sibirischen Steppen erinnern, ist die schamanische Tradition lebendiger denn je. Der Anblick eines Geschäftsmannes im Dreiteiler, der sich vor einem mit Geldscheinen gespickten Schweinekopf verneigt, ist keineswegs selten. Es ist undenkbar, ein Gebäude zu bauen oder ein Unternehmen zu gründen, ohne sich dafür mit einem traditionellen schamanischen Ritual *(gosa)* das Wohlwollen der Geister des Ortes zu sichern – ein Zeichen für die außergewöhnliche Lebendigkeit dieses uralten Kultes.

Vielen Koreanern fällt es schwer, die Rückkehr zu diesen Ritualen zu akzeptieren; sie schämen sich für ihre schamanischen Wurzeln und sehen im Christentum die einzige Religion der modernen Welt. Der

Buddhismus ist den meisten auch nicht lieber: Er gilt als verstaubte, langweilige Religion für Großmütter und hat hier nicht die Anziehungskraft, die er auf junge Europäer ausübt. Im Reich der Morgenstille rufen Zen-Buddhismus *(seon)* oder Meditation keine Begeisterungsstürme hervor, und dass Hollywoodstars sich dem Buddhismus zuwenden, stößt hier auf Unverständnis. Die als streng empfundene Religion hat keinen Erfolg bei der Jugend, die von der unklaren, mit chinesischen Ausdrücken gespickten Sprache und den schlecht erklärten, mühseligen Ritualen eher abgeschreckt ist.

Der Buddhismus kam im 4. Jahrhundert über das Reich der Mitte aus Indien nach Korea, in das Reich Goguryeo. Die koreanische Ausprägung des Buddhismus ist die des Mahayana (Großes Fahrzeug), das man auch in China und Japan vorfindet. Zur Zeit des Reichs Groß-Silla (668–918) erfreute der Buddhismus sich außerordentlichen Zulaufs, und man sagte, die Hauptstadt zählte ebenso viele Tempel, wie Sterne am Himmel stünden. Im Goryeo-Reich (918–1392) wurde der Buddhismus schließlich zur Staatsreligion, doch leider befleckten bald zahlreiche Skandale seinen Ruf. Seit jener Zeit assoziiert man den Buddhismus in Korea mit dem Sittenverfall und der Korruption, welche die Dynastie in ihren letzten Jahren zerrütteten, und nie mehr gewann er seine ursprüngliche Anziehungskraft wieder. Die anti-buddhistische Politik der konfuzianischen Yi-Dynastie (1392–1910) verbannte die Mönche auf die unterste Stufe der Gesellschaft, Seite an Seite mit Prostituierten, Bettlern und Schamanen.

Im Gegensatz zu Europa vertraute der Buddhismus in Korea auf seine 600-jährige Geschichte, und man versäumte es, ihn der Jugend durch eine Neuinterpretation der Schriften und Riten zugänglicher zu machen. Außerdem fällt es selbst Familien mit einer langen buddhistischen Tradition schwer, einen Sohn als Mönch *(seunim)* ziehen zu lassen. In einer Kultur, in der den Jungen die Verantwortung für den Erhalt des Klans zufällt, ist diese Berufung gleichbedeutend mit einem Verlust für die Ahnenreihe und

Aufgrund seiner geografischen Lage – die allerdings in politischer Hinsicht verhängnisvoll war – spielte Korea eine wichtige Rolle bei der Übermittlung von Ideen und Kulturgut zwischen China und Japan. Als kulturelles Bindeglied zwischen den beiden Kaiserreichen gelangte beispielsweise im 6. Jahrhundert der Buddhismus über Korea, das heißt über Baekje, eines der damaligen Drei Königreiche, nach Japan. Davon zeugen noch heute namentlich die Buddha-Skulpturen der berühmten japanischen Asaka-Kultur.

eine harte Probe für die Mütter, die sich mit Leib und Seele der Erziehung ihrer Söhne hingegeben haben: Von einem Tag auf den anderen löst sich der Novize *(haengja)* von der materiellen Welt und seinen Leidenschaften und übt sich in strenger Enthaltsamkeit. Seine Besitztümer beschränken sich auf wenige graue Gewänder aus Ramie, die mit einem zerstoßenen Tuschestein gefärbt werden, vier Schalen aus Ginkgoholz, Stäbchen, einen Löffel und ein Bündel aus Tuch *(gomang)*. Der *haengja* distanziert sich von seiner Mutter, die in seinen Augen eine namenlose Gläubige wie jede andere ist.

Wenn er schließlich in der Lage ist, die zehn Gebote zu nennen und die 250 Gelübde des Ordens abzulegen, findet im Rahmen einer großen Zeremonie die Mönchsweihe statt. Der neue *seunim* erhält von seinem geistigen Meister ein *hwatu*, eine Art Rätsel, bestehend aus ein paar Worten, das ihn auf seiner Suche nach Erleuchtung führen und ihm beim Erlernen der Meditation und dem Finden der inneren Ruhe helfen soll. Von nun an wechseln sich im Leben des Mönchs Zeiten in seiner Ordensgemeinschaft mit Reisen und Phasen der Zurückgezogenheit ab. Während der drei Wintermonate, *gyeoul gilje*, darf kein überflüssiges Wort gesprochen werden; die Mönche psalmodieren und meditieren von Sonnenauf- bis Sonnenuntergang. Strenge Disziplin, der Rhythmus der Kalebassen *(moktak)* und das harte Knallen des Stabes des Meisters, mit dem er einen nach vorne gesunkenen Rücken oder einen müden Nacken wieder aufrichtet, bestimmen den Tagesablauf.

Doch während der Ruf der koreanischen Klöster und ihrer bedeutenden Zen-Meister Novizen aus der ganzen Welt anzieht, wenden sich die jungen Koreaner eher dem Christentum zu, dem Symbol für Modernität. Eine Besonderheit des koreanischen Christentums ist der Umstand, dass es – was einzigartig in der Geschichte der weltweiten Evangelisierung ist – im 18. Jahrhundert von einer Gruppe koreanischer Gelehrter im Land eingeführt wurde, die dann bei der Diözese in Peking Missionare

Naive Schlichtheit und Inbrunst kennzeichnen die koreanische Religionsausübung. Diese überzeugte Buddhistin im Autoskooter betet zweifellos für ihre Familie, die vielleicht sogar katholisch ist. In Korea herrschen Toleranz und Vertrauen in das Leben – eine Einstellung, die sich in dem weisen Blick dieses Mönches aus dem Myohyang-Gebirge widerspiegelt.

»Größer als Himmel und Erde gemeinsam
erfüllt der Geist jeden Ort, ohne Spuren zu hinterlassen.
Lächerlich erscheint, wer versucht
in das Innere seines Geistes zu blicken,
um die Leere zu ermessen und den Wind einzufangen.«

Gedicht des Mönches **Hamwol** (1691–1770)

anforderten. Der erste koreanische Katholik, Yi Seung-Hun, ein junger Mann von 27 Jahren, wird 1784 in Peking getauft. Bei seiner Rückkehr nach Korea hat er Schriften, Kreuze und Heiligenbilder im Gepäck und gründet eine Gruppe, die schnell zu einer religiösen Bewegung wird. Die Regierung steht dem feindselig gegenüber und verurteilt den Katholizismus bereits 1785. Als im Jahr 1791 Yun Ji-Chung, ein Beamter, sich weigert, sich bei der Bestattung seiner Mutter an die vorgeschriebenen Riten zu halten, eskaliert die Lage. Die Bewegung findet mehr und mehr Zulauf, andere Gelehrte verbrennen die Seelentafeln, verkünden ihre Abkehr von der Götzenverehrung. Die Haltung der Machthaber verhärtet sich, und 1801 werden 300 Christen ermordet. Es ist der Anfang einer langen Reihe von Verfolgungen, die Ende des 19. Jahrhunderts unter der Herrschaft des Regenten Daewongun mit einer Welle äußerst grausamer Folterungen und Martyrien einen Höhepunkt erreichen: 10 000 Tote in dreißig Jahren, darunter zahlreiche französische Priester. Die Situation eskaliert, und das Einsiedlerreich schließt seine Grenzen.

Heute zählt der Süden Koreas fast elf Millionen Katholiken und Protestanten; das entspricht einem Viertel der Bevölkerung. Somit hat das Land die zweitgrößte christliche Gemeinde Asiens nach den Philippinen. Da das Christentum von Anfang an weniger als eine Religion als vielmehr eine Gesamtheit von Techniken, Wissenschaften und Lehren aus dem Westen *(seohak)* wahrgenommen wurde, assoziiert man es bis heute sehr stark mit Fortschritt und Modernität. Im Gegensatz zu den beiden buddhistischen Staatschefs der Militärdiktaturen, Chun Doo-Hwan und Roh Tae-Woo, sind die letzten drei Präsidenten Südkoreas, die für seine demokratische Wende stehen, bezeichnenderweise Christen: der ehemalige Dissident Kim Dae-Jung schon sehr lange und Kim Young-Sam sowie der amtierende Präsident Roo Moo-Hyun seit etwas kürzerer Zeit. Die jüngeren Generationen fragen sich insgeheim, wie ein zur Außenwelt offenes Korea von einem sich

zum Buddhismus oder Schamanismus bekennenden Staatschef gelenkt werden kann – eine Frage, die sich mit der Zeit und einer gewissen Reife der noch jungen Demokratie lösen lassen wird.

Obwohl das Christentum erst vor relativ kurzer Zeit ins Land kam, wurde es vollständig in die koreanische Kultur aufgenommen. Die christlichen Familien sind sehr fromm und praktizieren ihren Glauben mit erstaunlicher Inbrunst. Mit weißem Spitzenschleier über dem Gesicht, dem Rosenkranz in der Hand und der Bibel unter dem Arm geht man zum katholischen oder evangelischen Gottesdienst. Die Bibel wird mit Ernst studiert, und der Priester oder Pfarrer ist ein wahrer Gemeindevorstand, der sich mit Autorität an seine Gläubigen wendet, nicht zögert, mangelnde Gewissenhaftigkeit in den Bibelstunden und im Gottesdienst zu sanktionieren, und sich auch in private Probleme einmischt. Die Kirchen haben die finanziellen Mittel, um die Evangelisierung zu fördern. In einem Land, in dem Religion eher eine Sache der persönlichen Wahl als der Familientradition ist, sind Konversionen Erwachsener keine Seltenheit. Allerdings ist es keine einfache Angelegenheit, Christ zu werden, sondern ein langer, steiniger Pfad mit Prüfungen, Bibelstudien und Gesprächen, in denen man seine Glaubensfestigkeit unter Beweis stellen muss.

Diese Hingabe, insbesondere in den unzähligen protestantischen Unterkirchen, grenzt an Fanatismus und schafft einen ausgezeichneten Nährboden für Sekten. Im Gegensatz zu westlichen Sekten, die darauf abzielen, ihre Anhänger abzuschotten, bemühen sich koreanische Sekten, die Menschen mit der Verheißung auf eine bessere Integration in die Gesellschaft zu ködern. Denn wenn man in diesem konfuzianischen Universum einmal die Unterordnung unter die Hierarchie verinnerlicht hat, wird sie nicht mehr in Frage gestellt. Außerdem haben viele Koreaner das aus dem Schamanismus resultierende Bedürfnis, sich einer väterlichen und fürsorglichen Persönlichkeit mit übersinnlichen Kräften anzuvertrauen, die ihre Alltagsprobleme im Handumdre-

hen löst, weshalb sich jeder »Erleuchtete« großer Aufmerksamkeit gewiss sein kann. Diese selbst ernannten Gurus haben eine charismatische Ausstrahlung und setzen geschickt gleichermaßen Lehren des Konfuzianismus und des Schamanismus sowie patriotische Gefühle für ihre Zwecke ein.

In Korea gibt es mehr als 500 Sekten, von denen die meisten auf die unterschiedlichen Formen des nordamerikanischen Protestantismus zurückgehen. Sie wissen die Mittel der Rührung und Theatralik geschickt einzusetzen und drängen ihre Anhänger schamlos dazu, auf exzessiven Mitgliederfang zu gehen. Die Straßen in den Städten, Busse und U-Bahnen sind voll von diesen falschen Propheten, die mit leerem Blick lauthals Lobgesänge herunterleiern und nach allen Seiten Traktate und Amulette verteilen. Oft sind die Sekten nicht sehr langlebig, aber ab und an stehen sie auch auf den Titelseiten der Zeitungen, wenn ihre Mitglieder Selbstmord begehen oder eine Persönlichkeit aus Politik oder Show-Business wegen Veruntreuung von Geldern ins Zwielicht gerät. Meistens agieren sie in der Anonymität, wobei es ihnen jedoch gelingt, dass ganze Stadtviertel zu treu ergebenen Dienern ihrer Sache werden.

Die berühmteste unter den Sekten, die Vereinigungskirche unter der Führung des Reverend Mun Sun-Myung, zählt mehr als zwei Millionen Anhänger in 130 Ländern. Den eher amerikanisch denn koreanisch geprägten Führer der Sekte umgibt ein Schleier des Mysteriösen. Der »Prophet« pflegt enge Kontakte mit bedeutenden Politikern jedweden Lagers, von Kim Jong-Il bis zu Bill Clinton, und predigt zwar »Weltfamilie« und »heilbringende Liebe«, ist aber selbst in Wahrheit ein steinreicher Geschäftsmann, der immer wieder vom amerikanischen und koreanischen Fiskus verfolgt wird. In Südkorea besitzt er Immobilien und kontrolliert den Großteil der Ginseng-Produktion. In regelmäßigen Abständen werden an verschiedenen Orten der Erde Aufsehen erregende Massenhochzeiten organisiert: Bis zu 36 000 Paare aus den unterschiedlichsten Gegen-

den – sie sprechen manchmal nicht einmal dieselbe Sprache – werden an einem Tag vom Reverend, der Albe und Mitra trägt, getraut. Über die Zukunft dieser Paare wird kein Wort verloren.

Frau Sim, die Buddhistin, ist mittlerweile noch einmal zur Schamanin nach Bundang zurückgekehrt. Die Beziehungen zu ihren Schwägerinnen haben sich nicht verbessert, und schweren Herzens musste sie auch ihren Friseursalon schließen. Dabei hat sie ihr Versprechen gehalten und geplant, die Grabstätte ihrer Schwiegermutter im folgenden Herbst versetzen zu lassen. Aber der Grund ihres Besuches bei der *mudang* ist diesmal ein freudiger, wie man ihrem strahlenden Gesicht ansieht: Ihre Schwiegertochter ist endlich schwanger, und Frau Sim möchte die Schamanin bitten, mit Hilfe des Werfens von alten chinesischen und indochinesischen Münzen den idealen Geburtstermin zu bestimmen, damit sie den Arzt ersuchen kann, einen Kaiserschnitt durchzuführen – und dann gleich noch den besten Tag für die katholische Taufe.

Zwischen den vier spirituellen Pfeilern Koreas – Buddhismus, Christentum, Konfuzianismus und Schamanismus – herrscht Harmonie. Darüber hinaus gibt es den Daejeonggyo, einen Kult, der auf den Mythos um die Gründung des Landes zurückgeht, und den Cheondogyo, die synkretistische nationalistische Ideologie einer Oppositionsbewegung des ausgehenden 19. Jahrhunderts, die christliche und westliche Ideen aufgriff. Außerdem finden zahlreiche Sekten mit buddhistischen oder protestantischen Ursprüngen eine große Anhängerschaft, die durch die konfuzianisch geprägte Autoritätshörigkeit ihrem jeweiligen Guru besonders eng verbunden ist.

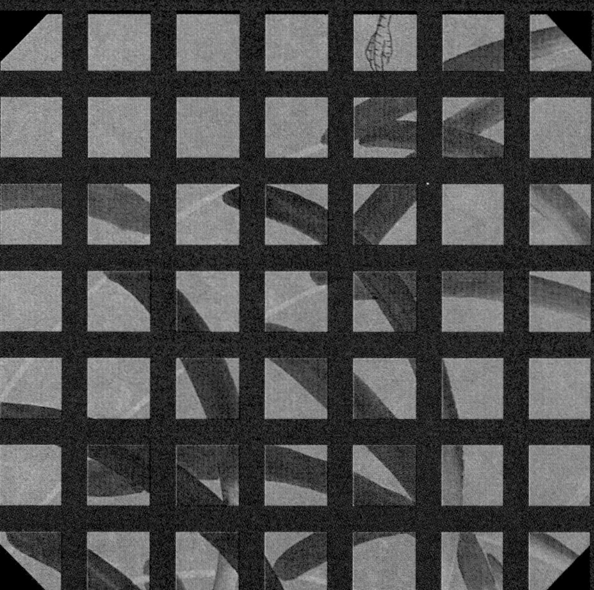

Das Weiß der Gelehrten

»Weiß dominiert die koreanische Kleidung: Die Farbe entspricht diesem kindlichen Volk. Jacken, Hosen, Schuhe und Kappen sind auf dem Land von strahlendem Weiß, und die Städter tragen alle einen weiten Leinenüberzieher, der von ihren Frauen mit sorgfältiger Hand gebleicht, gestärkt und geglättet wurde. Die hellen Gewänder verbreiten in den Straßen von Seoul alle Tage etwas Festliches, und den Koreanern ist das wohl bewusst: Ihre Heiterkeit wäre nur noch halb so groß, würden sie aufhören, sich weiß zu kleiden; vergebens preisen ihnen die Japaner den Inverness Cape an – sie bleiben ihren schneeweißen Gewändern treu, die gewiss leicht schmutzig werden, aber von einer blendenden Schönheit sind in der stets trockenen Luft.«

Georges Ducrocq, *Pauvre et douce Corée*, Paris, 1904

Reiseberichte aus dem Korea des frühen 20. Jahrhunderts erzählen von dem malerischen Gelbrot der Reisfelder, der fahlgelben Wellenlandschaft der Strohdächer, den von weißen Strömen durchzogenen Bergen und den strahlend weißen Tupfen auf Wegen und Straßen, denen das kleine Königreich seinen Beinamen – das »Land der weiß gekleideten Männer« – verdankt. Weiß ist in Korea – dem Land in Asien, das am stärksten konfuzianisch geprägt ist – die Farbe der Reinheit, die Farbe der *yangban*, der Gelehrten, die das koreanische Leben seit beinahe 600 Jahren bestimmen.

Im Jahr 1392 wird der aufständische General Yi Seong-Gye unter dem Namen Yi Taejo erster König der Yi-Dynastie. Als ideologisches Fundament des Staates wählt er eine aus China kommende Doktrin, den Neo-Konfuzianismus, der auf den Lehren des Philosophen Zhu Xi (1130–1200) beruht und dessen Kerngedanken die Kindesliebe *(hyo)* und der Ahnenkult sind. Yi Taejos Ziel ist es, das Land von Korruption und dem wachsenden Einfluss der Mönche – die als steinreiche Landbesitzer den Buddhismus bis heute diskreditieren – zu befreien.

Der Konfuzianismus kam bereits in der Epoche zwischen dem 1. Jahrhundert v. Chr. und dem 4. Jahrhundert n. Chr. nach Korea, gemeinsam mit den chinesischen Schriftzeichen, weshalb er sich rasch in den Köpfen verankerte. Um den Einheitsgedanken im Reich Goguryeo durch die Betonung des gegenseitigen Respekts zwischen Herrscher und Volk zu stärken, gründete man im Jahr 372 eine nationale konfuzianische Hochschule. Im Laufe der Jahrhunderte fand die konfuzianische Doktrin Hand in Hand mit der chinesischen Kultur ihren festen Platz in der koreanischen Geisteswelt. Überall auf der Halbinsel wurden Schulen und Hochschulen, *seowon* und *hyanggyo*, eröffnet, die dem Studium der chinesischen Klassiker gewidmet waren. Mit der Machtübernahme des Königs Yi Taejo schließlich löste der Konfuzianismus den Buddhismus als Staatsreligion ab und prägte von da an entscheidend die gesellschaftlichen und staatlichen Institutionen.

Diese Rückkehr zur Strenge ist in allen Bereichen deutlich spürbar: in der Philosophie, der Literatur und den Künsten. Die kostbaren Kunstgegenstände aus Seladon mit ihren schönen Einlegearbeiten, für die man das Goryeo-Reich rühmte, weichen nüchternen Formen und einfarbigen Glasuren. Zur großen Freude der Gelehrten, die von jeher von der Überlegenheit des konfuzianischen Gedankensystems überzeugt waren, breitet sich die Farbe Weiß, das Symbol der Reinheit, in Korea aus. Das Land wird neu organisiert: Die Gesellschaft wird auf die väterliche Ahnenlinie ausgerichtet, und ihre Grundeinheit ist der Klan, der durch gemeinsame Pflichten zusammengehalten wird. Volljährigkeit, Heirat (streng exogam), Witwenschaft, Begräbnisse, Trauer, Ahnenverehrung – jeder Lebensbereich ist von nun an kodifiziert. Die gesellschaftlichen Bindungen werden stabiler. Die jeweils gleiche Art der Beziehung bindet das Volk an seinen Herrscher, den Sohn an seinen Vater, den Schüler an seinen Lehrer.

Die Frauen verlassen als *anae*, als »Menschen des Inneren«, nur noch nach Beginn der Ausgangssperre verschleiert das Haus. Sie bleiben von privaten wie öffentlichen Schulen ausgeschlossen, und so findet ihre Ausbildung von nun an im Schoße der Familie statt, wo man sie in den weiblichen Tugenden unterweist, um sie zu Vorzeige-Gattinnen zu machen. Und wenn ihnen der Vater oder ein Bruder Lesen und Schreiben beibringt, dann nur, damit sie sich an der Lektüre der Biografien tugendhafter Frauen erbauen können. Zu Ehren beispielhafter Männer und Frauen, die die konfuzianischen Tugenden in Perfektion verinnerlicht haben, errichtet man in Dörfern und an Wegkreuzungen Denkmäler, die jedem Einzelnen seine Pflichten ins Gedächtnis rufen: Altäre des frommen Sohnes, der treuen Ehefrau und des loyalen Untertans.

Die konfuzianische Hierarchie strukturiert die koreanische Gesellschaft gemäß den beiden bis heute geltenden Faktoren – dem Alter und der sozialen Stellung – neu. An der Spitze stehen die weiß

○위안햇ᄂᆞᆫ 믈ᄒᆞᆯ 金玉ᄋᆞᆯ 아나가도ᄇᆡ곰키요ᄆᆞᆯᄒᆞ디몯ᄒᆞ리로다 密雲雖聚

散徂暑終衰歇 言暑氣歇也ㅣ라○ᄒᆞ린구루미비록모ᄃᆞ락ᄒᆞ르락ᄒᆞ

나더위디나가ᄆᆞᄎᆞ매衰歇ᄒᆞ도다 前聖愼焚巫武王親救暍

녯님그미스승ᄉᆞ로믈삼가시고武王이親히더윗病ᄒᆞ니ᄅᆞᆯ救ᄒᆞ시니라 陰陽相

主客時序遞回斡 言陰陽이相爲消長而四時ㅣ回斡爲寒暑也ㅣ라

○陰氣와陽氣왜서르主客이ᄃᆞ외오時節이서르휫도라가ᄂᆞ니라 灑落唯

淸秋昏霾一空闊 灑落ᄒᆞ요ᄆᆞᆫ오직ᄆᆞᆯᄀᆞᆫᄀᆞᆯ히니어득ᄒᆞᆫ氣運이ᄒᆞᆫ

디위ᄲᅱ여훤ᄒᆞ도다 蕭蕭紫塞鴈南向欲行列 蕭蕭ᄒᆞᆫ블근ᄀᆞᆺ

ᄉᆡᆺ그려기南녀글向ᄒᆞ야行列ᄒᆞ야ᄂᆞᆯ오져ᄒᆞ놋다 歎思紅顏日霜露

凍階闥胡馬挾雕弓鳴弦不虛發 甫ㅣ自敍少日事也

ㅣ라○믄득ᄉᆞ랑호니紅顏인저긔서리와이스리階砌와門의어렛거든뫼ᄃᆞ고그

륜활ᄲᅢ고시울울여虛히쏘디아니ᄒᆞ다라 長鈚逐狡兎突羽當

滿月 突羽ᄂᆞᆫ疾飛之箭이라滿月ᄋᆞᆫ引滿之弓이如月也ㅣ라○긴살로관곡ᄒᆞᆫᄐᆞ

기ᄅᆞᆯᄧᅩ차ᄂᆞᄉᆡ론사리ᄀᆞ독ᄒᆞᆫᄃᆞ래當ᄒᆞ더라 惆悵白頭吟蕭條遊

俠窟 甫ㅣ悼昔日遊俠之人이今蕭條零落也ㅣ라○셴머리예글이프믈슬노

니遊俠의노니던굼기蕭條ᄒᆞ도다 臨軒望山閣縹渺安可越

gekleideten Gelehrten, *seonbi*, die sich ganz den Studien und der Selbstvervollkommnung widmen – heute die Lehrer, Professoren, Studenten und Schriftsteller. Dann folgt das Volk, *cheonmin*, dessen Bestimmung es ist, hart zu arbeiten, wobei die Berufsstände unterschiedliches Ansehen genießen: An erster Stelle stehen die Bauern, dann folgen Handwerker und schließlich Kaufleute und Soldaten. Am unteren Ende der Pyramide befinden sich die geächteten Berufsgruppen: Kurtisanen, Mönche – Opfer ihres verheerenden Rufes – und die Schlachter, die jedoch wiederum unterschieden werden: Die Hundemetzger werden als *baekjang*, Unterprivilegierte, auf die niedrigste Stufe zusammen mit den Leprakranken und Kriminellen verbannt.

In der Zeit der japanischen Besatzung (1910 bis 1945) kam es durch die Zerstörung der traditionellen Hierarchie zu einem gesellschaftlichen Umbruch. Auf die systematische Entmachtung der großen, altehrwürdigen Gelehrtenfamilien, die beim Wiederaufbau des Landes um Besitz und Macht kamen, folgte die Zeit der *self made men*: kleiner Reis- oder Kohlehändler, die in der Nachkriegszeit zu Reichtum gelangten und nun die Chefs der Großunternehmen von heute sind. Diese *businessmen* sind noch im traditionellen Denken verwurzelt und bemühen sich deshalb stets, ihre Zugehörigkeit zu der erlauchten Klasse der *yangban*, der Gebildeten, zu beweisen. Viele suchen sich mit dem Verfassen der eigenen Memoiren einen literarischen Namen zu machen. Die koreanischen Leser jedoch lassen sich von diesem Anschein der Gelehrsamkeit der »in der Gosse geborenen Drachen« nicht täuschen – nie würden sie ihnen denselben Respekt zollen, den sie einem tatsächlichen Wissenschaftler oder Intellektuellen, und sei er auch noch so unbedeutend, entgegenbringen. Zu den großen Veränderungen des 20. Jahrhunderts gehörte der Aufstieg der Wirtschaftswelt gegenüber der intellektuellen Oberschicht ebenso wie die neuerlich bedeutsame Rolle der Armee während des Koreakrieges und der Ära der Militärdiktaturen (1953–1993).

Cook
(주)한국야쿠르트

Das Klassendenken herrscht im heutigen Südkorea immer noch vor. Die einstige simple Zweiteilung der Gesellschaft in *yangban* und Volk existiert zwar nicht mehr, doch stattdessen bildete sich ein Bürgertum heraus, das seinen Reichtum dem spektakulären Immobilien-Boom der 1990er Jahre verdankt und am Südufer des Flusses Han in Seoul seine Wohnviertel hat. So sind etwa die Straßen von Apgujeong-dong – einem einst beschaulichen Weiler, der von dem klassischen Maler Jeongseon (1676–1759) verewigt wurde – heute dicht gesäumt von schicken Cafés und Bars, internationalen Modeboutiquen und luxuriösen Edelkaufhäusern.

Dieser neue Ort, als Inbegriff der Konsumgesellschaft, wird von einer privilegierten Jugend bevölkert, die nur eines im Kopf hat: all das Geld auszugeben, das ihnen ihre Eltern, die in der Kindheit auf alles verzichten mussten, unbesehen zustecken. Einer Jugend, geboren mit einem goldenen Löffel im Mund, so scheint es, zwischen verpatztem Studium und Fernreisen, anfällig für negative Einflüsse des Westens, einer Jugend, die sich ihrer eigenen Identität nicht sicher ist … Mit roten, grünen, gelben Haaren, vom Schönheitschirurgen geweiteten Augen und provozierend nachlässigem Auftreten sorgt der Nachwuchs der *jolbu*, der Neureichen, oft für Schlagzeilen. Bettelei, Drogenkonsum, Kleinkriminalität, Erpressungen an den Schulen und Gewaltakte gegen die Konsumgesellschaft nehmen zu. Die Koreaner erschaudern beim Lesen der Rubrik »Vermischtes« – vor einigen Jahren erschien ihnen so etwas noch undenkbar.

Nichtsdestotrotz ist das moderne und modische Korea inzwischen zum Vorbild für die gesamte asiatische Jugend von Peking bis Singapur geworden und hat Japan und die Extravaganzen des Tokioer Harajuku-Viertels abgelöst. Bei Kleidung, Sprache, Kino, Musik orientiert sich die fernöstliche Jugend an Seoul und nicht an Tokio. In China nehmen die Reisen, die die Tourismusbranche auf die Halbinsel verzeichnet, stetig zu. Von den Autos bis zu den Essgewohnheiten – *gimchi* hat die Supermärkte erobert –

Bis vor einigen Jahren unterschied sich das Gewirr an Sträßchen um die Hongik-Universität in Seoul in keiner Weise von den anderen Universitätsvierteln im Westen der Stadt wie Sinchon. Doch inzwischen ist Hongik-dong das Viertel, um abends auszugehen, der neue Treffpunkt der trendigen, reichen Jugend, die – von den Bars des einstigen In-Viertels Apgujeong-dong enttäuscht – hierher kommt, um Techno, koreanischen Rap oder Hiphop zu hören. Einer Jugend, die nicht mehr viel mit den Werten ihrer Eltern anfangen kann: Der Konfuzianismus ist zwar noch in den Verhaltensmustern verankert, verliert aber immer mehr an Bedeutung; man strebt nach dem amerikanischen Vorbild. Für die USA empfindet die Jugend eine eigenartige Hassliebe, welche sich oft auf einen naiven regierungsfeindlichen Antiamerikanismus beschränkt. Im Reich der Morgenstille träumt jeder davon, im Ausland *(yuhak)*, namentlich in Frankreich oder den USA, zu studieren. Und paradoxerweise legt die Jugend zwar einen übertriebenen Nationalstolz an den Tag, zögert aber nicht, die USA – als Inbegriff der Modernität – der koreanischen Tradition gegenüberzustellen, um nicht als altmodisch zu gelten.

8

Aegis

mesa
family fashion mall
mesa

신세계

SEOUL FINANCE CENTER
KOREANA HOTEL
대한매일
SEOUL WELCOMES THE WORLD

ist die kleine Schwester des Reiches der Mitte allgegenwärtig. Der Trend ist da – »Korea ist hip« ist das Motto einer ganzen Generation geworden. In Korea sorgt dieses Phänomen, von der Generation der Eltern *hanryu* und von den Jüngeren *korea trend* genannt, für Erstaunen und Begeisterung. Es scheint, als ob jetzt die Zeit der Revanche für all die Jahre im Schatten der chinesischen und japanischen Besatzung angebrochen sei.

Das Korea am Beginn des 21. Jahrhunderts steht im Zeichen der Veränderung. Die Generation, die das Ruder übernommen hat, wurde im Wohlstand geboren, hat vielleicht zum Teil den Bezug zu den kulturellen Wurzeln verloren, ist aber stolz auf ihre nationale Identität. In nur wenigen Jahrzehnten ist das Land von extremer Armut – Straßen voller Schlaglöcher, verwüstete Städte und Landstriche, die Wirtschaft am Boden – zu einem modernen Staat aufgestiegen, dessen Stadtlandschaften mit ihren hohen Prachtbauten und geschäftigen Menschenmassen Singapur oder Shanghai das Wasser reichen können. Die Gehälter sind innerhalb nur eines Generationenwechsels explodiert, der Konsumrausch hat das Land erfasst, und die Zensur, mit der gestern noch die freie Meinungsäußerung unterdrückt wurde, hat man abgeschafft. Dieser extreme Wachstumsschub hat jedoch auch tiefe Risse in der Gesellschaft hinterlassen.

Die Werteordnung innerhalb der Unternehmen verändert sich. In einem Land, in dem bisher das Alter Garant für Respekt und Achtung war, ist das Durchschnittsalter der Politiker gesunken, und in den Parteien, Ministerien und Firmen haben sich patente, ehrgeizige junge Männer ihren Weg nach oben gebahnt und dabei die althergebrachten Strukturen erschüttert. Die Umgestaltung der alten konfuzianischen Gesellschaft mit ihren strikten Grundsätzen erweist sich als ein Kraftakt, denn die Präsenz dieser neuen ›Jungen‹ zwingt zu völlig neuen Denk- und Verhaltensweisen und selbst zu einer neuen Sprache.

Die koreanische Sprache spiegelt sehr genau die komplexe Gesellschaftsstruktur wider. Sie verfügt

재경남원향우회장기 장사씨름대회

In der immer noch konfuzianisch geprägten Gesellschaft kodifiziert die streng respektierte Hierarchie das Verhalten des Einzelnen. Diese Angestellten eines Büros, fotografiert am Strand von Daecheon, haben wahrscheinlich nicht denselben Dienstgrad, worauf die geschlossenen Jacketts der beiden Männer im Vordergrund und die geöffneten der beiden dahinter schließen lassen.

Auch die feierliche Eröffnung eines Wettkampfes in dem traditionellen Kampfsport *ssireum* in Anwesenheit aller offiziellen staatlichen Vertreter der Region folgt einem strikten Protokoll. Bußfertigkeit, Verbeugungen und ein verbindliches Lächeln sind fester Bestandteil des konfuzianischen Alltags, ebenso wie der hoch entwickelte Dienstleistungsgedanke, nach dem Frauen eher wegen ihres Aussehens als aufgrund ihrer Fähigkeiten eine Rolle spielen – ob es sich nun um die hinreißenden »Ordnungshüterinnen« handelt, die den Verkehr in Pyongyang regeln (siehe Foto S. 226) oder dieses charmante, aber überflüssige *parking girl*, dessen Aufgabe sich darauf beschränkt, die »sehr geehrten Kunden« eines Kaufhauses zu begrüßen.

SE
쎄
COFFEE SHOP
COFFEE
&
TEA
CLUB SE
SINCE 1999
CARRA
COFFEE
BEER
DRINK
노래방
2F
여
호프
충북식당
감자탕
닭도리탕
곱창순대볶음
돼지갈비
소갈비 생곱창구이
돼지갈비 삼겹살
소 갈 비
감 자 탕
소 해장국
전문
영화감상실

DONUTS
CLASSIC

über zahlreiche Begriffe der Ehrerbietung sowie über fein abgestufte Stilebenen, um die Hierarchien zum Ausdruck bringen zu können. In jedem Satz sind das Geschlecht der Gesprächspartner, ihre gesellschaftliche Stellung, ihr Alter, die Art des Verhältnisses (beruflich oder freundschaftlich) sowie die Umgebung (formell oder zwanglos) klar definiert und an den grammatikalischen Endungen oder dem entsprechenden Vokabular zu erkennen. Das erklärt die enorme Bedeutung, die dem Überreichen von Visitenkarten *(myeongham)* am Anfang eines Gespräches beigemessen wird, denn mit den Angaben über Titel und Position kann man das passende Sprachniveau wählen. Ein zu vertraulicher Ton gegenüber einem in der Hierarchie höher Stehenden ist ebenso deplatziert wie ein zu respektvoller gegenüber einem Untergebenen. Die neue Situation nun wirft im Alltag unzählige Fragen auf und sorgt für Verwirrung: Wie richtet man das Wort an seinen zwanzig Jahre jüngeren Chef? Wer bezahlt die Rechnung im Restaurant? Inzwischen hat man sogar Seminare eingeführt, in denen Manager lernen sollen, sich von ihrer konfuzianischen Erziehung zu lösen, um den Sprung in eine globale, sich fremden Einflüssen öffnende Welt zu schaffen, in der das Gesetz des Individualismus herrscht.

Jongno-2-ga ist eine sehr belebte Kreuzung in der südkoreanischen Hauptstadt. Mitten im Menschenstrom steht ein Mann im Dreiteiler und schreit: »Ich bin der Beste!« Passanten drehen sich nach ihm um. Ein Erleuchteter? Nein, ein junger Manager absolviert den Abschlusstest eines »Individualisie-

Wenn man im tosenden Verkehr des Seouler Zentrums steckt, fällt es schwer, sich vorzustellen, dass man kaum eine Stunde entfernt in den Bergen, die den Norden der Stadt begrenzen, eine Oase der Ruhe findet. Überlastete Geschäftsleute mit ihrem geöffneten Laptop neben sich auf dem Felsen nutzen die Gelegenheit, um sich in einer der zwölf Grundpositionen des *danjeon-hoheup* – einer Art Yoga, das den Energie-fluss *gi* fördert und den Herzrhythmus stabilisiert – zu üben.

rungsseminars«. Die Handelsschulen des ehemaligen Einsiedlerreiches sind sich wohl bewusst, dass die Geschäftsleute des 21. Jahrhunderts an ihrem Auftreten gegenüber westlichen Kollegen arbeiten müssen, um auf dem Weg der Globalisierung voranzukommen. Als Erstes gilt es, die Angst vor dem Blick des anderen zu überwinden, dann unabhängig von der gesellschaftlichen Hierarchie selbstbewusst aufzutreten. Diesem Kraftakt sind die meisten Koreaner nicht gewachsen, hat man sie doch seit der frühen Kindheit auf die Prinzipien der konfuzianischen Morallehre gepolt: sich der Autorität zu beugen, Kritik zurückzuhalten und in der Masse des *uri nara*, der Nation, aufzugehen.

Uri bedeutet »wir, unser« und ist eines der Schlüsselwörter der koreanischen Sprache, in der die erste Person Singular, »ich«, nur von Kindern und Ausländern gebraucht wird. Im Gegensatz zu dem Pluralis Majestatis unserer einstigen europäischen Könige durfte sich in Korea nur der König erlauben, von sich in der Ich-Form zu sprechen, da er allein an der obersten Spitze der konfuzianischen Hierarchie stand. Auf Koreanisch spricht man von »unserem Haus«, »unserem Vater«, »unserem Büro« oder »unserer Frau«. Dieses koreanische »Wir« überhöht die kollektive Zugehörigkeit zu einer Gruppe – einer Familie, einem Klan, einer Universität, einer Firma, einem Dorf oder Land. Ein Unternehmen wird seine leitenden Angestellten unter den ehemaligen Absolventen derselben Universität auswählen; die Angehörigen eines Ministeriums haben ihr Diplom in demselben Bezirk erhalten. Die Einbindung in streng hierarchische Mikrokosmen, wahrhafte Netzwerke gegenseitiger Unterstützung, in denen die Gesellschaft außen vor bleibt, erinnert, was Macht und Einfluss angeht, an die Freimaurerlogen.

Die konfuzianische Gesellschaftsstruktur ist auf das kollektive Interesse ausgerichtet. Dies ermöglichte es dem Land, schnell voranzukommen und der Bevölkerung, insbesondere nach dem Krieg, ohne große Gegenforderungen Opfer abzuverlangen. Heute muss Korea seine Strukturen überdenken,

angefangen beim Schulsystem: Da man der Logik *(nolli)* misstraut, basiert die klassische Ausbildung stattdessen auf Erinnerungsvermögen und Gelehrsamkeit – ein direktes Erbe der *gwago*, der Beamtenprüfungen nach chinesischem Vorbild während der Yi-Dynastie. Die Dissertationen an der Universität sind demzufolge eher wissenschaftliche Quellensammlungen als logisch erarbeitete Ausführungen.

Jedem ist bewusst, dass diese Art der Ausbildung mit der modernen Gesellschaft nicht in Einklang zu bringen ist. Also hat man dem traditionellen Universitätssystem das amerikanische Modell mit seiner praktischen Ausrichtung regelrecht übergestülpt. Und dieser erstaunliche Cocktail aus enormer Leistungs- und Anpassungsfähigkeit, verbunden mit pragmatischen Situationsanalysen, liefert jedes Jahr Tausende junger Hochschulabsolventen, die sich – fügsam, patent und arbeitsam – ganz in den Dienst für den Erfolg ihres Landes stellen.

»Noch der letzte Kuli blutet, damit sein Sohn zumindest das Koreanische lesen lernt, und die Bälger des Pöbels sitzen Seite an Seite mit den vornehmen Kindern in den Schulbänken. Die Kleidung der einen ist feiner, das Hütchen adretter, aber alle haben das gleiche Verlangen zu lernen: Zu sehen, welcher Respekt den Gelehrten entgegengebracht wird, weckt in ihnen den Wunsch, sich zu bilden.« – Dieses Zitat des lothringischen Reisenden Georges Ducrocq vom Anfang des 20. Jahrhunderts hat nichts an Aktualität verloren. Das Studium wird in der koreanischen Gesellschaft allgemein immer noch hoch geschätzt. Buchhandlungen sind stets gut besucht, und selbst in entlegenen Landesteilen kommt es vor, dass ein Busfahrer aus Freude darüber, einem Ausländer zu begegnen, beginnt, Alfred de Vigny oder Victor Hugo zu zitieren.

Schon für die ganz Kleinen hat das Lernen etwas von einer Kampfübung. Bei einem Blick auf den Stundenplan eines Viertklässlers bekommt man Gänsehaut: Der kleine Han-Op setzt sich, nach dem Aufstehen um sechs Uhr morgens, gleich an den Computer, um eine Stunde zu lernen, dann fragt

TOMMY
JEANS

ihn seine Schwester noch zwanzig Minuten ab. Den Vormittag über hat er Schule, nachmittags Einzelunterricht an einem Privatinstitut *(hagwon)*, seine Abende sind verplant mit Hausaufgaben und dem traditionellen Kampfsport *taekwon-do*, und anschließend kommt noch ein privater Repetitor für den Englischunterricht nach Hause. Sein Tag geht erst gegen 22.30 Uhr zu Ende. Seine Wochenenden und Ferien sind gleichfalls dem Lernen gewidmet. Die Eltern sprechen mit Sorge von dem Konkurrenzkampf, wenn sie sich dafür rechtfertigen, dass sie weiter an dieser teuflischen Stress-Schraube drehen. Viele würden gerne das Tempo herunterschalten und den Kindern mehr Zeit zum Spielen lassen – doch wie, ohne dass diesen deshalb später Nachteile entstehen? Der Druck, dem die koreanischen Kinder ausgesetzt sind, setzt schon mit der Wahl des Kindergartens ein: Die besten Kindergärten des Landes haben Wartelisten von mehreren Jahren, und manche Kleinen werden sogar schon vorgemerkt, bevor sie überhaupt auf der Welt sind. Beim Eintritt in die Grundschule werden die Plätze an den Tischen direkt vor der Tafel in der Elternsprechstunde von der Lehrerin gegen bare Münze vergeben. Ohne außerschulischen Sonderunterricht ist es unmöglich, das Klassenniveau zu halten, auf eine weiterführende Schule zu kommen und schließlich einen Platz an der gewünschten Universität zu erhalten.

Die koreanischen Eltern planen bis weit in die Zukunft, und schon ab der Vorschule denkt man darüber nach, das Kind zum Studieren ins Ausland *(yuhak)* zu schicken. Für Gefühlsduselei ist kein Platz, wenn es um den Ruf der Familie geht. Wenn es die finanziellen Mittel erlauben, begleitet die Mutter ihr Kind nach Europa oder in die USA, um sich um sein Wohl zu kümmern. Da sich der Vater meistens nicht in der Lage sieht, Erziehung und Alltag zu meistern, bleiben die anderen Kinder des Paares in der Obhut einer Kinderfrau *(ajumma)* und der Großeltern väterlicherseits – bis sie dann ebenfalls ein renommiertes College am anderen Ende der Welt besuchen werden, wo sich dank des weit

Die kleinen, hochbegabten Turner und Künstler des Palastes der Kinder in Gaeseong werden von frühester Kindheit an trainiert und haben das Glück, von einer für Nordkorea außergewöhnlichen Einrichtung und Infrastruktur profitieren zu können. Im Norden wie im Süden symbolisiert der Wechsel vom Kindergarten in die Grundschule den Eintritt in die Gesellschaft. Von einem Tag auf den anderen müssen die Kinder den behüteten Schoß der Familie verlassen und die Spielregeln des Lebens sowie Disziplin und Gehorsam erlernen. In Nordkorea erhalten sie eine politisch-ideologische Erziehung, zu der auch Kenntnisse des Lebens des »Großen Führers« Kim Il-Sung gehören; in beiden Teilen des Landes lernen sie zudem die Liebe zum Vaterland, Respekt vor den Regeln der Gemeinschaft, den Lehrern und der gesellschaftlichen Hierarchie.
Das Kind wird ein kleiner, strebsamer Bürger, der seine Gesellschaft achtet. Dieses frühe konfuzianische Fundament wird sein ganzes Leben prägen.

verzweigten Klans immer eine Gastfamilie findet, in welcher der emigrierten Nachkommenschaft am Vorabend von Prüfungen das Lieblingsessen gekocht wird.

So wie man unter der Dynastie der Yi mit dem Bestehen der Aufnahmeprüfungen für die Beamtenlaufbahn *(gwago)* seinen Eltern die größte Ehrerbietung erbrachte, so hängt vom schulischen Erfolg auch heute noch die Ehre der Familie ab. Die Jahre an der weiterführenden Schule werden von den jungen Hoffnungsträgern der Familie als Jahre der Hölle empfunden: Ihr Tag beginnt um 5.30 Uhr und geht erst nach Mitternacht zu Ende, meist an einem Tisch in der Universitätsbibliothek, wo ihnen schließlich die Augen zufallen. Intensives Pauken von Bergen von Lernstoff ohne kritisches Hinterfragen machen aus diesen Jugendlichen wahre Stachanowisten des Studiums. Sie sehnen sich nur noch nach den ersten zwei Jahren an der Universität, um endlich – nachdem die fürchterliche Hürde genommen ist – das Leben etwas zu genießen.

Am Tag der Aufnahmeprüfungen für die Universitäten hält ganz Korea den Atem an: Die Mütter beten in den Tempeln, die Flugzeuge werden umgeleitet, um die Ruhe in den Prüfungsräumen nicht zu stören, die Angestellten gehen später zur Arbeit, um in den Straßen keine Staus zu verursachen, die Apotheken füllen ihre Schaufenster mit Vitamin- und Amphetaminpräparaten, und die kleinen Händler in der Nähe der Universitätsgebäude verkaufen Unmengen an Glücksbringern.

Durch ein gemeinsames Wochenende soll bei diesen Angestellten einer Versicherungsgesellschaft das Gemeinschaftsgefühl gestärkt werden. Es wäre undenkbar, an diesem Ausflug nicht teilzunehmen, zu dem in der Regel ein Spaziergang, gemeinnützige Arbeiten und als Abschluss ein feuchtfröhliches Abendessen gehören, bei dem das konfuzianische Korsett einmal abgelegt werden kann. Jeder darf ungeniert seine persönliche Meinung äußern, selbst dem Chef gegenüber – ein notwendiges Ventil angesichts der strengen Gesellschaftsordnung.

Die Auswahlverfahren für die jeweils weiterführende Schule und die Zulassung zur Universität sind so streng, und der familiäre Druck ist so groß, dass Jahr für Jahr Dutzende Kinder und Jugendliche Selbstmord begehen. Sie stehen hilflos dem Berg von Anstrengungen gegenüber, den man ihnen abverlangt, während sie um sich herum nur Frieden und Wohlstand erblicken. Die alten Argumente für Opferbereitschaft und Leistungsstreben (Kriegsgefahr, Wiederaufbau) erscheinen der jungen Generation überholt. Selbstmord ist inzwischen bei Teenagern zur zweithäufigsten Todesursache geworden.

Auch wenn im Korea von heute das Geschäftsleben immer mehr an Bedeutung gewinnt, ist das positive Bild des Gelehrten, das man mit Glanz und Ruhm assoziiert, nicht verschwunden. Man benötigt eine solide Bildung, um sich einen Platz in der Gesellschaft zu erobern. Das wissenschaftliche Studium ist seit 600 Jahren in der koreanischen Zivilisation verankert und bis heute ein unverrückbarer, unantastbarer Fixpunkt.

Korea hat eine der niedrigsten Analphabetenraten der Welt. Die koreanischen Herrscher haben es sich sehr früh zur Aufgabe gemacht, die Schriftsprache zu reformieren, um dem gesamten Volk den Zugang zur Bildung zu ermöglichen.

Koreanisch wird weltweit von 75 Millionen Menschen gesprochen (siebzig Millionen in Korea und fünf Millionen in den USA, in Russland, China und Japan) und zählt wie Mongolisch, Tungusisch, Finnisch oder Tschuwaschisch zu den ural-altaischen Sprachen. Seine agglutinierende Struktur hat nichts mit der chinesischen Grammatik gemein, ebenso wenig wie die Schrift. Beim bloßen Betrachten eines koreanischen Textes wird dem Unkundigen auffallen, dass die verwendeten Zeichen gleichmäßiger und geometrischer wirken als die chinesischen Ideogramme. In Korea verfügt man über ein Alphabet mit 24 Schriftzeichen, das *hangeul*. Es wurde unter der Leitung des gelehrten Königs Sejong (reg. 1414–1450) entwickelt, der seinem Volk einen einfachen und für alle gleichen Zugang zur Kultur ermöglichen wollte:

»Die Aussprache unserer Sprache unterscheidet sich vom Chinesischen. Deshalb eignen sich die chinesischen Schriftzeichen, die zur Transkription der chinesischen Sprache gedacht sind, nicht für das Koreanische. Und das koreanische Volk, das die chinesischen Zeichen nicht kennt, ist nicht in der Lage, schriftlich das zum Ausdruck zu bringen, was es wünscht. Das hat mich bewegt, und deshalb habe ich 28 Schriftzeichen ersonnen. Ich hoffe, dass das Volk sie ohne zu große Mühe erlernen kann und davon im Alltag Gebrauch macht.«

Dieses 1446 verkündete, phonetisch begründete Alphabet heißt *hunmin jeongeum*, die »korrekte Lautschrift zur Unterweisung des Volkes«. Um eine bessere Verbreitung des Alphabets zu gewährleisten, ließ König Sejong außerdem durch die Fertigung beweglicher Drucktypen aus Bronze die Drucktechniken perfektionieren, die man in Korea bereits seit dem 13. Jahrhundert beherrschte. Wie erhofft, setzte auf allen Wissensgebieten – der Geschichte, Geografie, Medizin, den Prinzipien der konfuzianischen Morallehre, zu denen nun auch die Frauen Zugang hatten – bald eine Welle der Veröffentlichungen ein. Erstaunlicherweise hatte es bis zum 15. Jahrhundert keine Schrift gegeben, mit der man die Laute der koreanischen Sprache korrekt transkribieren konnte. Sie war eher ungefähr in Schrift umgesetzt worden, indem man nach komplexen Methoden für jedes Wort unterschiedliche Kombinationen chinesischer Schriftzeichen geschaffen hatte, die sowohl über Aussprache als auch über Bedeutung Aufschluss gaben. Für diese ungeheuer komplizierten Systeme *(idu, hyangchal* und *gugyeol)* bedurfte es perfekter Kenntnisse des klassischen Chinesisch und eines außerordentlichen Wissens, so dass nur Gelehrte nach jahrelangen Studien sie beherrschten. Folglich war das Koreanische im Gegensatz zum Chinesischen auf die mündliche Sprache beschränkt. Nur Chinesisch galt als in der Lage, den offiziellen Charakter der politischen, militärischen und religiösen Schriften zu vermitteln, und war somit offizielle Hofsprache. Erst mit dem königlichen Dekret von

1894, im Zuge einer Vielzahl von Reformen der Bewegung *Gabo gyeongjang*, wurde Koreanisch zur Nationalsprache *(gugeo)*.

Abgesehen von vier Buchstaben, die man später aufgab, war das *hangeul* mit solch wissenschaftlicher Präzision konzipiert, dass die Schriftsprache sich seit ihrer Entstehung kaum verändert hat. Das als »vollkommen« geltende Alphabet – jedem Laut der Sprache entspricht ein Schriftzeichen – ist einfach zu erlernen: Die klaren Schriftzeichen setzen sich aus kurzen vertikalen und horizontalen Strichen und kleinen Kreisen zusammen, die innerhalb eines imaginären Quadrates zu Silben zusammengefügt sind. Dieses Alphabet, das »selbst die Frauen und Kinder« an einem Vormittag erlernen konnten (Wort für Wort: *achim geul*), wurde von den Gelehrten lange Zeit als eine Schrift abgetan, die höchstens der allgemein verständlichen Verbreitung der Morallehre oder dem Verfassen von Kitschromanen dienen könnte. Und dennoch setzte sich im Laufe der Jahrhunderte das *hangeul* als ein wichtiges Symbol der koreanischen Identität durch, so dass es während der japanischen Besatzungszeit sogar zu einer Waffe des Widerstandes der Schriftsteller und Journalisten wurde.

Die heutige Schriftsprache in Südkorea ist eine Mischung aus diesem Alphabet und chinesischen Zeichen. Zwischen vierzig und sechzig Prozent des koreanischen Vokabulars sind chinesischen Ursprungs und können schriftlich mit Hilfe der Ideogramme ausgedrückt werden. Der Grundstock *(gicho hanja)*, den man in der Schule lernt, umfasst 1800 Zeichen – eine Art Extra an Bildung, zusätzlich zu den koreanischen Schriftzeichen. Zum Lesen einer Zeitung oder für den Eintritt in die Universität muss man mindestens 3000 chinesische Zeichen beherrschen. Die einstige Diskriminierung ist also nicht völlig verschwunden, und der Bildungsgrad misst sich weiterhin oft an den Kenntnissen der chinesischen Ideogramme.

So hat es die südkoreanische Tageszeitung *Hangyoreh sinmun*, die als erste nur das koreanische

Jedes Jahr im Frühling und im Herbst finden die Feierlichkeiten zu Ehren des Konfuzius und der Herrscher des Königreichs Joseon statt. Schauplatz sind die Staatliche Konfuzianische Universität Seonggyungwan und der königliche Ahnenschrein Jongmyo, in dem die Seelentafeln der Yi-Dynastie ruhen. Die von den Japanern 1910 zugunsten des *shinto*-Kultes verbotenen Zeremonien wurden zu Beginn der 1960er Jahre wieder aufgenommen. Die prachtvollen Grabriten, die historischen Beschreibungen folgen, werden in China nicht mehr begangen. Diese für den gesamten Fernen Osten einzigartigen Feste sind somit das letzte lebendige Zeugnis der konfuzianischen Zeremonien, wie sie einst in Asien zelebriert wurden.

Alphabet verwendet, nicht leicht, sich durchzusetzen. Denn obwohl sie einen seriösen Ruf hat, vertrauen ihr die Koreaner weniger als einer ›richtigen‹ Zeitung, in der die Mischschrift aus koreanischen und chinesischen Zeichen verwendet wird. In Nordkorea dagegen, wo die Regierung versuchte, jeglichen ausländischen Einfluss auf die Sprache zugunsten eines Wortschatzes rein koreanischen (statt sino-koreanischen) Ursprungs auszumerzen, ist das koreanische Alphabet einzige Grundlage der Schriftsprache. Das als ›feudal‹ verurteilte Chinesisch wurde 1949 vollständig daraus verbannt, was einem gigantischen kulturellen Autodafé gleichkam und mit einem Schlag mehrere Generationen ihrer Wurzeln beraubte. Dem Präsidenten Kim Il-Sung wurde jedoch bewusst, dass die chinesische Sprache im gesamten Fernen Osten (Korea, China, Japan) ein wichtiger Schlüssel für den Zugang zum Wissen ist, weshalb er 1968 eine Liste mit 3000 Ideogrammen für den Unterricht ausgewählter Gymnasiasten und Studenten erstellen ließ, die auf den Eintritt in die großen Universitäten des Landes vorbereitet werden.

Was nun den Konfuzianismus betrifft, so bleibt eine Frage noch offen – die Frage nämlich, ob der Konfuzianismus als Religion bezeichnet werden kann. Eine hohe Kommission aus Experten mehrerer Länder hat sich mit dem Problem befasst und ist zu einem mehrdeutigen Ergebnis gekommen: Wenn man davon ausgeht, dass es Ziel der Religion ist, Antworten auf die fundamentalen Fragen des Menschen, die eigene Natur betreffend, zu geben, dann ist der Konfuzianismus eine Religion. In Korea ist er übrigens wie eine Kirche organisiert: mit einem geistlichen Oberhaupt, dem *jongjeon*, der rund hundert Zeremonienmeistern, den *yurim*, vorsteht, die die alljährlichen Riten leiten, insbesondere zum Geburtstag des Konfuzius am 28. September oder zur Ehrung der Seelentafeln der Herrscher der letzten Dynastie. Die spektakulären Feierlichkeiten finden im Herzen von Seoul, im königlichen Ahnenschrein Jongmyo, statt sowie in der Staatlichen

Konfuzianischen Universität Seonggyungwan, der höchsten konfuzianischen Institution des Landes, in der die Tafeln des Konfuzius und seiner Schüler aufbewahrt werden.

Wenn sich jedoch eine Religion dadurch auszeichnet, dass sie ein Beispiel unumschränkter Macht gibt und eine Aussage über das Schicksal des Menschen nach seinem Tode macht, dann ist der Konfuzianismus keine Religion. Der Konfuzianismus zeigt sich im heutigen Korea nicht in der Gestalt einer vom Weltlichen losgelösten Doktrin, sondern eher als eine Sozialethik, die mit allen Bereichen der Gesellschaft verzahnt ist. In diesem Sinne ist der Konfuzianismus zweifelsohne auch in Nordkorea immer noch präsent, wo insbesondere die familiären Beziehungen sehr traditionalistisch und formell geblieben sind.

Manche Beobachter sehen im Konfuzianismus ein strukturelles Element, ja sogar den Zement, der die koreanische Gesellschaft zusammenhält, sowie den Schlüssel zum koreanischen Wirtschaftswunder. Für andere wiederum verkörpert er die Schwerfälligkeit eines Verwaltungssystems, das mit unzähligen Korruptionsaffären für Skandale sorgte.

Das heutige Korea ist gewiss das konfuzianischste Land der Erde. Und gerade diese unerwartete Harmonie der konfuzianischen Strenge und des lebhaften südländischen Temperaments der Koreaner, das im Schamanismus so deutlich zum Ausdruck kommt, ist der Grund für die ungeheure Flexibilität des Landes: Mit ihrer Hilfe gelang in Südkorea der schwierige Übergang von einem autoritären Regime hin zu einer echten Demokratie, in der die Menschenrechte geachtet werden und Meinungs- und Religionsfreiheit herrschen. Nun wartet auf Korea wohl die zweifelsohne schwierigste Etappe seiner Geschichte – die große wirtschaftliche und gesellschaftliche Herausforderung der Wiedervereinigung der Halbinsel. Die konfuzianischen Wurzeln und der tief empfundene Nationalstolz auf beiden Seiten der Grenze werden der Grundstein für ein geeintes Korea sein.

»Es ist ein raues Land, schachbrettartig von Bergen durchschnitten, die in allen Richtungen ihre gestrengen Köpfe erheben, ein Land, hinter Felsen verbarrikadiert und in eine Vielzahl unwegsamer Täler zergliedert, die sich Verteidigung genug sind. Die Koreaner haben eifersüchtig ihre alten Sitten und naiven Bräuche bewahrt, und die Eroberer sind auf den Hauptstraßen vorbeigezogen, ohne in das Herz des Landes vorzustoßen. Und es wird in diesem hügeligen, ursprünglichen Korea immer Hohlwege und verborgene Pfade geben, die nie ein Fremder betreten wird.«

Georges Ducrocq, *Pauvre et douce Corée*, Paris, 1904

Anhang

조선

Dieses Buch geht nur wenig auf die politische Situation der koreanischen Halbinsel und auf ihre Teilung ein. Während der gemeinsamen Arbeit entschieden sich die Autorin und der Fotograf, nur von einem Korea, Nord oder Süd, zu sprechen – sicher auch, weil sie den heimlichen Traum eines ganzen Volkes teilen.
Die beiden verbrachten jedoch insgesamt weniger Zeit in Nord- als in Südkorea, was die geringere Anzahl an Fotografien aus dem Norden erklärt.

In den Bildnachweisen steht nach dem Namen der Provinz stets »NK« für Nordkorea und »SK« für Südkorea (Beispiel: Gyeongsangnam-do, SK).

Bildnachweise

S. 1, 2 *Taegeuk*, asiatische Konzeption des Kosmos – Yin und Yang im Gleichgewicht. Die drei Farben stehen für Himmel, Erde und Mensch. Schmuckmotive in einem Tempel, SK.
S. 6–7 Kleiner Mann beim Füttern eines Tigers, des treuen Begleiters des Berggottes. Er ist wie der Wolf in Europa ein beliebtes Motiv der volkstümlichen Geschichten- und Bilderwelt. Schmuckmotiv in einem Tempel, SK.
S. 10 Ein kleines Mädchen in traditioneller Tracht und eine alte Frau im »Dorf der blauen Kraniche«, Cheonghak-dong, Gyeongsangnam-do, SK.
S. 12–13 Teeplantagen in der Gegend von Boseong, Jeollanam-do, SK.
S. 14–15 Reisfelder bei Damyang, Jeollanam-do, SK.
S. 16 Namdaemun, Das Große Südtor, in Seoul, SK.
S. 17 Gwanghwamun und die Straße Sejongno in Seoul, SK.
S. 18 Das Viertel Gangnam südlich des Flusses Han in Seoul, SK.
S. 19 Häusertürme, *danji*, im Viertel Sanggyedong in Seoul, SK.
S. 20 Tongil Geori, die Straße der Wiedervereinigung, in Gaeseong, Hwanghaebuk-do, NK.
S. 21 Das Viertel Daehak-no in Seoul, SK.
S. 22–23 Das Mansudae-Monument, die mächtige Bronzestatue des »Großen Führers« Kim Il-Sung, des ersten Präsidenten der Demokratischen Volksrepublik Korea, weist dem nordkoreanischen Volk den Weg in die Zukunft. Pyongyang, NK.
S. 24 Akteure des traditionellen Maskentanzes, des *talchum*, SK.
S. 25 Kleine Pause zwischen zwei Akten des *yeongsanjae*, eines traditionellen buddhistischen Tanzes, der die Barmherzigkeit Buddhas preist. Seoul, SK.
S. 26 Ein alter Mann im Songni-san-Nationalpark, Chungcheongbuk-do, SK.
S. 27 Kleines Mädchen in traditioneller Tracht im Palast der Kinder in Gaeseong, Hwanghaebuk-do, NK.
S. 28 Zum Trocknen aufgehängte Tintenfische auf der Vulkaninsel Ulleung, Gyeongsangbuk-do, SK.
S. 29 Getrocknete Fische.
S. 30 Der Hafen von Mokpo, Jeollanam-do, SK.
S. 31 Frau beim Netzeflicken im Hafen von Incheon, Gyeonggi-do, SK.
S. 32–33 Strand von Daecheon, Chungcheongnam-do, SK.
S. 34–35 Taucherinnen, *haenyeo*, auf der Vulkaninsel Jeju, SK.
S. 36–37 Die Vulkaninsel Ulleung, Gyeongsangbuk-do, SK.
S. 38 Jeongseon (1676–1759), *Manpokdong, die Schlucht der tausend Wasserfälle*, Tusche und Wasserfarbe auf Papier, Seoul National University Museum, SK.
S. 40 Seorak-san-Nationalpark, Gangwon-do, SK.
S. 42 Bergtempel, Dodamsambong, Sobaeksan-Nationalpark, Chungcheongbuk-do, SK.
S. 44 In der Gegend von Cheongsong, Gyeongsangbuk-do, SK.
S. 45 Reisfelder, Gyeonggi-do, SK.
S. 46 Wolchul-san-Nationalpark, Jeollanam-do, SK.
S. 47 Bauern in der Gegend von Andong mit *jige*; mit Hilfe dieser Trage aus Holz lassen sich schwere Lasten auf dem Rücken transportieren. Gyeongsangbuk-do, SK.
S. 48 Buddhistischer Tempel im Taebaeksan-Nationalpark, Gangwon-do, SK.
S. 49 Jeongseon (1676–1759), *Manpokdong, die Schlucht der tausend Wasserfälle*, Tusche und Wasserfarbe auf Papier, Seoul National University Museum, SK.
S. 50 Im Moranbong-Park in Pyongyang wird zum Rhythmus der Sanduhrtrommel *(janggu)* gesungen und getanzt, NK.
S. 51, 52 Altar zu Ehren von Dangun, schamanischer Pavillon *(gut-dang)* in den Bukhan-Bergen bei Seoul, SK.
S. 53 Diese *jangseung*, traditionelle Totems, im Dorf Hahoe stellen die Göttin des Fleisches und die Geister des Waldes dar. Gyeongsangbuk-do, SK.
S. 55 Der sitzende Buddha in der Seokkuram-Grotte bei Gyeongju, Gyeongsangbuk-do, SK.
S. 55 Die morgendliche Zusammenkunft in der großen Halle (Daejeoggwang-jeon) des buddhistischen Klosters Haein-sa, Gyeongsangbuk-do, SK.
S. 56 Ein Ausschnitt des Zierwerks *(dancheong)* im Kloster Haein-sa: Die fünf Farben (Blau, Rot, Gelb, Weiß und Schwarz) symbo-

lisieren die fünf Elemente des Kosmos. Gyeongsangbuk-do, SK.
S. 57 Laternenschmuck zu Ehren des Geburtstages von Buddha im Kloster Jikji-sa, Gyeongsangbuk-do, SK.
S. 58 Zwei der vier Himmelswächter am Eingang des buddhistischen Klosters Bohyeon-sa in den Myohyang-Bergen, Pyeongannam-do, NK.
S. 59 Der Tempel Doseon-sa bei Seoul wurde für die Festlichkeiten anlässlich des Geburtstages von Buddha farbenfroh geschmückt.
S. 60, 61 Alte traditionelle Häuser *(joseon jip)* in dem Viertel am Fuße des Berges Janam in Gaeseong; hier lebte die *gisaeng* Hwang Jini. Hwanghaebuk-do, NK.
S. 62 Die Bibliothek Janggyeonggak im Kloster Haein-sa beherbergt das *Tripitaka Koreana*. Gyeongsangbuk-do, SK.
S. 63 Die Wehrmauer der Festung Hwaseong in Suwon, Gyeonggi-do, SK.
S. 63 Der Königspalast Deoksu (Palast der Tugendhaften Langlebigkeit) mit koreanischen Bauten und dem neokolonialen Seokjojeon, das heute zu den Gebäuden des Nationalmuseums für moderne Kunst gehört, Seoul, SK.
S. 64 Die Zwillingsgräber des Königs von Goryeo, Gongmin, und der mongolischen Königin Noguk in Haeson-ri, Hwanghaebuk-do, NK.
S. 65 Der Palast der Strahlenden Glückseligkeit, Gyeongbok-gung, in Seoul, SK.
S. 66 Daedongmun, das einstige Festungstor von Pyongyang, NK.
S. 66 Konfuzianische Zeremonie im königlichen Ahnenschrein Jongmyo, Seoul, SK.
S. 67 Standbild des Admirals Yi Sun-Sin vor dem Kyobo Building in Seoul, SK.
S. 68 Die Insel Namhae im Küstennationalpark Hallyeohaesang, Gyeongsangnam-do, SK.
S. 69 Eine traditionelle Stadtvilla in Gaeseong, Gyeonggi-do, NK.
S. 70 Ein Plakat zum Ruhme des ersten nordkoreanischen Präsidenten Kim Il-Sung in den Myohyang-Bergen, Pyeongannam-do, NK.
S. 71 Junge Mädchen in Uniform – sie gehören einer »zivilen Militärorganisation« an – vor dem Tempel Bohyeon-sa in den Myohyang-Bergen, Pyeongannam-do, NK.
S. 72 Bogenschützen beim Chunghyang-Fest in Namwon in den Jiri-Bergen, Jeollabuk-do, SK.
S. 73 Monument zum Ruhme der Juche-Ideologie mit den drei Symbolen des nordkoreanischen Sozialismus: Pinsel (Intellektuelle), Hammer (Arbeiter) und Sichel (Bauern). Pyongyang, NK.
S. 74 Plakat für den Film *Ajae, ajae, bara, ajae* (Regie: Im Gwon-Taek), mit Kang Su-Yeon, 1989, SK.
S. 75 Südkoreanische Fans beim Spiel Nordkorea gegen Südkorea anlässlich der Fußballweltmeisterschaft 2002, SK.
S. 76, 77 Daeseongsan, der Friedhof der antijapanischen Märtyrer, bei Pyongyang, NK.
S. 78 Hochzeitspaar in den 1970er Jahren in Seoul, SK.
S. 80 Alter Mann, Seoul, SK.
S. 81 Detailaufnahme einer Mauer aus gelber Erde *(hwangto)*, Stroh und Steinen in dem traditionellen Dorf Cheonghak-dong, Gyeongsangnam-do, SK.
S. 82 *Harabeoji*, Großväter, in den 1980er Jahren, Daegu, SK.
S. 83 Eine landestypische Mahlzeit in einem Hotel im alten Stadtviertel von Gaeseong, Hwanghaebuk-do, NK.
S. 84 *Gotgam*, Girlanden mit Kaki-Pflaumen, hängen in der Herbstsonne zum Trocknen, SK.
S. 85 Die Spezialität dieses Lokals im Yongin-Volksdorf ist Blutwurst *(sundae)*. Gyeonggi-do, SK.
S. 86 Trockenhalle für Chilischoten in der Provinz Chungcheongbuk-do, SK.
S. 87 *Gimjang*, die alljährliche Zubereitung des Wintervorrates an *gimchi* im Herbst, Seoul, SK.
S. 88–89 Schüsseln mit Gemüse, Wurzeln, Kräutern und pikanten eingelegten Fischen, Seoul, SK.
S. 90–91 Chiliernte am Fuße des Mai-san, des Pferdeohrenberges, Jeollabuk-do, SK.
S. 92–93 Große Töpfe zur Aufbewahrung von Lebensmitteln *(dok)* aus glasierter Keramik *(onggi)* im Yongin-Volksdorf, Gyeonggi-do, SK.
S. 94 Alter Mann mit Panamahut, Pyongyang, NK.
S. 95 Kleines Mädchen in Seoul, SK.
S. 96 Ginsengwurzeln, SK.
S. 97 Das buddhistische vegetarische Restaurant Sanchon im Stadtteil Insa-dong, Seoul, SK.
S. 98 Gässchen nahe der Jongno-Straße in Seoul, SK.
S. 99 Junge Frau beim Ausliefern einer Essensbestellung in den Sträßchen von Ojangdong im Viertel Dongdaemun, Seoul, SK.
S. 100 Sträßchen am Eingang des Daedunsan-Provinzparks, Chungcheongnam-do, SK.
S. 100 Restaurant im Stadtteil Gangnam südlich des Flusses Han in Seoul, SK.
S. 101 Bushaltestelle in Jeungpyeong, Chungcheongbuk-do, SK.
S. 101 Lokal in Daegu, Gyeongsangbuk-do, SK.
S. 102–103 Beim *baduk*-Spiel, Seoul, SK.
S. 104 Eine Frau im *changot*, Ende des 19. Jahrhunderts, Seoul, SK.
S. 105 Vornehme Häuser in dem wiedererrichteten, traditionellen Dorf Namsan, Seoul, SK.
S. 106–107, 108–109, 110–111 Chunghyang-Fest mit ländlichen Tänzen, *nongak*, und Schaukeln, *geunettwigi*, im Jiri-san-Nationalpark, Namwon, Jeollabuk-do, SK.
S. 112 Mädchen in traditioneller Tracht in Busan, Gyeongsangnam-do, SK.
S. 113, 114, 115, 116 Beim Baekje-Fest in Buyeo, Chungcheongnam-do, SK.
S. 117 Ein Artist in traditionellem Kostüm auf einem gespannten Seil *(jultagi)* im Yongin-Volksdorf, Gyeonggi-do, SK.
S. 118 Fischerinnen in Busan, Gyeongsangnam-do, SK.
S. 119 Junge Mutter auf der Insel Jeju, SK.
S. 120–121 Kinder in Sorae, Gyeonggi-do, SK.
S. 122, 123 Westliche Hochzeitszeremonie in einer *wedding hall* in Seoul, SK.
S. 124 Das Fest des ersten Geburtstages, *dol*, SK.
S. 124 Hochzeitspaar im ausgehenden 19. Jahrhundert.
S. 125 Buddhistische Hochzeitszeremonie in Seoul, SK.
S. 126, 127 Posieren für die Hochzeitsfotos in koreanischen Gewändern, Seoul, SK.
S. 128 Ein aristokratischer *yangban* und eine *gisaeng*, Gemälde von Sin Yun-Bok (geb. 1758).
S. 129 *Gisaeng*, Kurtisanen im späten 19. Jahrhundert.
S. 130–131 Das traditionelle Dorf Oeamri, Chungcheongbuk-do, SK.
S. 132 Herausgeputztes Mädchen beim Baekje-Fest in Buyeo, Chungcheongnam-do, SK.
S. 133 Frauen in höfischen Gewändern im Gyeongbok-Palast in Seoul, SK.
S. 134 *Gomusin*, Gummischuhe, vor einer Tür zu den Mönchsunterkünften im buddhistischen Kloster Naksan-sa, Gangwon-do, SK.
S. 136 Eine Schamanin *(mudang)* beim Baekje-Fest in Buyeo, Chungcheongnam-do, SK.
S. 137 Opfergaben für den Geist der Erde anlässlich einer schamanischen *gut*-Zeremonie, SK.
S. 138, 139, 140–141 *Gut*, eine schamanische Zeremonie, SK.
S. 142–143 Glöckchen und Fächer – die Attribute einer Schamanin, SK.
S. 144, 145 Wahrheitsprüfungen (mit Messer und Futterschneide) bei einer schamanischen Zeremonie, SK.
S. 146–147 Schamanische Zeremonie in Sorae, Gyeonggi-do, SK.
S. 148–149, 152 Baekje-Fest in Buyeo, Chungcheongnam-do, SK.
S. 150–151, 153 Konfuzianische Bestattung im Jiri-san-Nationalpark, Jeollabuk-do, SK.
S. 154 Der öffentliche Yongmiri-Friedhof, Gyeonggi-do, SK.
S. 155 Zeremonie vor dem Altar des Berggottes, Gyeonggi-do, SK.
S. 157 Wahrheitsprüfung mit Schwein, schamanische Zeremonie, SK.
S. 158 Der Maitreya *(mireuk)*, eine riesige Buddhadarstellung als Hochrelief im Tempel Gwancheoksa, Cungcheongnam-do, SK.
S. 158 *Obaek-jeon*, die »Halle der fünfhundert Buddha-Jünger« im buddhistischen Tempel Anhwa-sa in Gaeseong, Hwanghaebuk-do, NK.
S. 159 Buddhistische Nonnen auf dem Yeouido-Platz in Seoul, SK.
S. 160–161, 162 Jährliche Zusammenkunft der Nonnen im buddhistischen Tempel Jikjisa, Gyeongsangbuk-do, SK.
S. 162, 163 Buddhistisches Gemälde und Mönche im Kloster Haein-sa, Gyeongsangbuk-do, SK.
S. 164–165 Nonne bei Andong, Gyeongsangbuk-do, SK.
S. 166, 167 Der buddhistische Tempel Yeonmi-sa bei Andong, Gyeongsangbuk-do, SK.
S. 168–169 *Pyojungbi*, ein konfuzianisches Denkmal zu Ehren des rechtschaffenen Beamten Jeong Mong-Ju in Gaeseong, Hwanghaebuk-do, NK.

S. 170 Eine Ordensschwester in der U-Bahn, Seoul, SK.
S. 171 Gläubige Buddhistin beim Gebet während einer buddhistischen Geburtstagsfeier, Seoul, SK.
S. 171 Mönch im Kloster Bohyeon-sa in den Myohyang-Bergen, Pyeongannam-do, NK.
S. 172 Christliche Gesänge, Kirche von Yongin, Gyeonggi-do, SK.
S. 172, 173 Massenhochzeit der Mun-Sekte auf dem Yeouido-Platz in Seoul, SK.
S. 174 Kraniche, Detail einer Seladonarbeit *(cheongja)*, ein Beispiel für die koreanische Einlegetechnik *sanggam*.
S. 176, 178–179 In der Gegend des traditionellen Dorfes Cheonghak-dong, des »Dorfs der blauen Kraniche«, Gyeongsangnam-do, SK.
S. 180–181 Bauern in den 1980er Jahren in der Gegend von Cheongsong, Gyeongsangbuk-do, SK.
S. 182–183, 184 Die Gegend von Damyang, Jeollanam-do, SK.
S. 185 Reisfelder in der Provinz Gyeonggi-do, SK.
S. 186–187 Im traditionellen Dorf Oeamri, Chungcheongbuk-do, SK.
S. 188 Eine alte Frau vor einer Stele auf der Insel Geoje, Gyeongsangnam-do, SK.
S. 189 Alte Männer mit *durumagi* (Mänteln) am Eingang des Tempels Jikji-sa, Gyeongsangbuk-do, SK.
S. 190 Die beiden Schriftsprachen: das koreanische Alphabet und die chinesischen Ideogramme, SK.
S. 191 Pinsel in der Auslage eines Ladens für Kalligrafie in Daegu, Gyeongsangbuk-do, SK.
S. 192 Eine Schmiede im Yongin-Volksdorf, Gyeonggi-do, SK.
S. 193 Im traditionellen Dorf Cheonghakdong, dem »Dorf der blauen Kraniche«, Gyeongsangnam-do, SK.
S. 194–195 Fahrende Händlerin beim Backen gezuckerter Pfannkuchen, *hotteok*, Seoul, SK.
S. 196 Joghurt-Lieferantin, Seoul, SK.
S. 197 Polizeieinheit zur Bekämpfung von Krawallen, Seoul, SK.
S. 198, 199 Sinchon, das Viertel um die Ehwa-Frauenuniversität, Seoul, SK.
S. 198 Das JJ Mahoney's im Grand Hyatt, Seoul, SK.
S. 200 Die Verleihung der Universitätsdiplome an der Staatlichen Universität von Seoul, SK.
S. 201 Wettbewerb der Exzentrik, Gyeonggi-do, SK.
S. 202–203 Die *gwangdae* (Clowns) sind mit ihren Freilichtaufführungen eine zeitgenössische Version der *namsadangpae*, der durchs Land reisenden Gauklertruppen von einst. Daehak-no, Seoul, SK.
S. 204–205 Blick auf die Straßenzüge rings um die Bank of Korea, Seoul, SK.
S. 206 Blick auf das Stadtzentrum um die City Hall, Seoul, SK.
S. 207, 208, 209 Eröffnungszeremonie bei einem traditionellen *ssireum*-Wettkampf, während des Chunghyang-Festes in Namwon in den Jiri-Bergen, Jeollabuk-do, SK.
S. 208 Büroangestellte am Strand von Daecheon, Chungcheongnam-do, SK.
S. 209 Ein *parking girl*, eine Empfangshostess, an der Parkplatzeinfahrt eines Kaufhauses in Seoul, SK.
S. 210 Suwon, Gyeonggi-do, SK.
S. 211 Am Yeouido-Platz in Seoul, SK.
S. 212–213 Die Menschenmassen drängen sich in der meistbesuchten U-Bahn-Station der Welt, Sindorim in Seoul, SK.
S. 214–215 Der Hafen von Busan, Gyeongsangnam-do, SK.
S. 216, 217 Fernab von Umweltverschmutzung und Lärm – auf dem Bukhan-Berg bei Seoul, SK.
S. 218 In der Seouler U-Bahn morgens um fünf Uhr, SK.
S. 219 Vorschulkinder in Suwon, Gyeonggi-do, SK.
S. 220 Grundschüler in Seoul, SK.
S. 221 Auf dem Schulweg, im Songni-san-Nationalpark, Chungcheongbuk-do, SK.
S. 222 Nachwuchstalente aus dem Palast der Kinder in Gaeseong, Hwanghaebuk-do, NK.
S. 223 Kinder zwischen den Königsgräbern in Gyeongju, Gyeongsangbuk-do, SK.
S. 223 Das Cheollima-Denkmal in der Nähe des Revolutionsmuseums symbolisiert das unermüdliche Zukunftsstreben des Sozialismus. Pyongyang, NK.
S. 224 *Membership training* in Namsan für die Angestellten einer Versicherungegesellschaft, Seoul, SK.
S. 225 Fensterputzer in Seoul, SK.
S. 226 Ordnungshüterin beim Regeln des Verkehrs in Pyongyang, NK.
S. 227 Junge Frauen in paramilitärischer Uniform unter dem großen Mansudae-Monument in Pyongyang, NK.
S. 228 Das Silla-Fest in Gyeongju, Gyeongsangbuk-do, SK.
S. 229, 230, 231 Konfuzianische Zeremonie im königlichen Ahnenschrein Jongmyo, Seoul, SK.
S. 234 Eine Maske für den *talchum*, den Maskentanz, wie sie beim *Yangju Byeolsangdae* benutzt wird, SK.

Die südkoreanische Regierung führte im Juni 2000 eine Reform des McCune-Reischauer-Systems durch, mit Hilfe dessen seit 1984 die koreanischen Begriffe in das lateinische Alphabet umgeschrieben wurden. Wir haben uns entschieden, diesen neuen Transkriptionsregeln zu folgen, die seitdem in Korea für Straßenschilder, Landkarten und Veröffentlichungen gelten. Ausnahmen wurden nur bei Eigennamen gemacht, die in Deutschland unter einer anderen Schreibweise bekannt sind (z. B. Kim Dae-Jung, Kim Il-Sung). Bei Personennamen steht wie in Korea üblich der Nachname an erster und der Vorname an zweiter Stelle. Der Vorname setzt sich meist aus zwei Teilen zusammen: einem Namen, der über die Stellung innerhalb der Familie Auskunft gibt – also von allen Cousins und Cousinen derselben Generation geteilt wird –, und einem zweiten, persönlicheren Namen (z. B. Kim Dae-Jung).

4000 m
3000 m
2000 m
000 m
00 m
00 m
CHINA
RUSSLAND
Tumen
Seonbong
Najin
Baekdu-Berge
Cheongjin
Hyesan
Yalu
Ganggye
Nangnim-Berge
Kimchaek
Myohyang-Berge
Sinuiju
Bohyeon-sa
Hamheung
Daedong
Ostkoreanische Bucht
0
100 km
Westkoreanische Bucht
Pyongyang
NORD-KOREA
Wonsan
Nampo
Geumgang-Berge
Cheongbangsan-seong
Sariwon
Pyohun-sa
DMZ – 38. Breitengrad
Seorak-Berge
Gaeseong
Naksan-sa
Panmunjeom
Gangneung
Seoul
Insel Ganghwa
Han
Namhansan-seong
Incheon
Insel Ulleung
Suwon
Hwa-seong
SÜD-KOREA
Taebaek-Berge
Cheongju
Songni-Berge
Andong
GELBES MEER
Buyeo
Beopju-sa
Cheongsong
Daejeon
Jikji-sa
JAPANISCHES MEER
Gwanchok-sa
Gaya-Berge
Daegu
Gyeongju
Jeonju
Mai-Berge
Nakdong
Haein-sa
Bulguk-sa
Namwon
Tongdo-sa
Damyang
Jiri-Berge
Beomeo-sa
Gwangju
Busan
Mokpo
Insel Geoje
Wolchul-Berge
Insel Namhae
Hallyeo-haesang
KOREA-STRASSE
Hauptstadt
Stadt
Festung
Kloster/Tempel
Berg
Insel Jeju
JAPAN
F. Tessier del. 2003

Die Autorin und der Fotograf bedanken sich herzlich bei KITC und KNTC für ihr Vertrauen und ihre wertvolle Unterstützung, ohne die dieses Buch – das Ergebnis zahlreicher Reisen und Aufenthalte in Korea – nicht hätte verwirklicht werden können.
Jinsimeuro gamshamnida an Jooliet und Jean-Baptiste Dufour.
The author would like to express her gratitude to Douglas Burn who patiently went through the manuscript pointing out mistakes and weaknesses. A huge gamsahamnida goes to Kimberly Seo who was always very gracious with her time and perceptions. And a very special merci goes to Tchae Moon-Il for his everlasting and supportive friendship.

Titel der Originalausgabe: *La Corée. Terre des Esprits*
Fotografien: Marc Vérin/Text: Juliette Morillot
Erschienen bei Éditions Hermé, Paris, 2003
Copyright © 2003 Éditions Hermé
Gestaltung: Elisabeth Ferté

Deutsche Erstausgabe
Copyright © 2004 von dem Knesebeck GmbH & Co. Verlags KG, München
Ein Unternehmen der La Martinière Groupe

Bibliografische Information Der Deutschen Bibliothek
Die Deutsche Bibliothek verzeichnet diese Publikation in der Deutschen Nationalbibliografie; detaillierte bibliografische Daten sind im Internet über http://dnb.ddb.de abrufbar.

Die Gedichte auf den Seiten 41, 58, 72 und 132 wurden übersetzt von Egbert Baqué.

Satz: satz & repro Grieb, München
Druck: IME
Printed in Baume-les-Dames, Frankreich
ISBN 3-89660-245-4
Alle Rechte vorbehalten.

Alle Rechte, insbesondere das Recht der Vervielfältigung und Verbreitung, vorbehalten. Kein Teil des Werkes darf in irgendeiner Form (durch Fotokopie, Mikrofilm oder ein anderes Verfahren) ohne schriftliche Genehmigung des Verlags reproduziert oder unter Verwendung elektronischer Systeme verarbeitet, vervielfältigt oder verbreitet werden.

www.knesebeck-verlag.de

산 오 온 왕 시 도 돌 야 때 이 드 며 하
샹 샤 되 가 씹 또 홀 시 쳔 모 듸 명 가
ᄉᆞ 몰 몸 쒸 륙 나 두 름 셰 타 샤 웛 늘
ㅣ 아 커 롤 샹 니 려 ᄒᆞ 개 싯 ᄉᆞ 쥬 이
보 숩 그 소 쒸 이 가 더 ᄀᆞ 기 방 도 미
숩 고 우 용 도 다 시 니 장 ᄉᆞ 향 두 늡
고 소 닐 ㅣ 하 피 니 피 몰 봉 ᄒᆞ ᄉᆞ 이
츙 사 룡 아 시 시 피 시 ᄀᆞ 니 샤 봉 두
가 뵈 올 라 며 씹 시 씹 니 피 쥴 니 옹
쎵 ᄉᆞ 현 솔 광 오 씹 삼 피 시 ᄒᆡᆼ 이 수
뿡 봉 맛 방 명 뼘 ᄉᆞ 치 시 씹 칧 다 어
올 니 벌 놀 도 지 져 녀 씹 횡 뽀 피 석
아 녯 에 남 하 회 왕 ㅣ 시 삼 ᄒᆞ 씹 기
ᄉᆞ 쁘 비 곰 시 뚱 과 기 텬 개 시 궁 ᄉ
부 드 는 ㅣ 쳐 베 룰 쓸 니 옹